CORPUS SCRIPTORUM DE MUSICA

GILBERT REANEY
General Editor

Johannes Hothby
OPERA OMNIA DE MUSICA MENSURABILI

Thomas Walsingham
REGULAE DE MUSICA MENSURABILI

Edited by
GILBERT REANEY

AMERICAN INSTITUTE OF MUSICOLOGY
Armen Carapetyan
Director

CORPVS SCRIPTORVM DE MVSICA

31

Johannes Hothby

OPERA OMNIA DE MVSICA MENSVRABILI

Thomas Walsingham

REGULAE DE MUSICA MENSURABILI

Edidit

GILBERT REANEY

AMERICAN INSTITUTE OF MUSICOLOGY
HÄNSSLER-VERLAG
1983
68.310

Hänssler-Verlag, D 7303 Neuhausen-Stuttgart
Order No. 68.310
ISBN 3-7751-0589-1

CONTENTS

Page

JOHANNES HOTHBY:

Introduction 11

Texts . . . .

1. *Regulae cantus mensurati* (Florence ms) 19

2a. *De cantu figurato secundum Hothbi* (Faenza ms) 27

2b. *De cantu figurato secundum Hothbi* (Venice ms) 39

3. *Regulae cantus mensurati secundum Ioannem Otteby* (London mss) 51

4. *Del canto afigurato* (Rome ms) 63

THOMAS WALSINGHAM:

Introduction 69

Text . . . .

1. *Regulae de musica mensurabili* 74

JOHANNES HOTHBY
OPERA OMNIA DE MUSICA MENSURABILI

INTRODUCTION

The mensural treatises of John Hothby are all typical medieval compendia. They discuss the eight principal noteforms of Hothby's time and their values without going into unnecessary detail. The closest to Hothby's own time is undoubtedly the Florence treatise *Regulae cantus mensurati,* no. 1 in this volume. Although Hothby lists three notes shorter than the minim, namely the semiminim, croma and semicroma, he still continues the 14th century fight against the word semiminim. Clearly a man who died as recently as 1487 had to admit the note-values smaller than a minim, and therefore he explains them as proportional subdivisions of the minim, e.g. *minima bis vel ter prolata.* All of these are available in a duple or triple subdivision; even the semicroma can occur in groups of two or three when the croma is divided up, as can be seen from *Ex. 2.*

In chapter 2 the usual division of the breve into the four prolations with their respective mensuration signs is followed by a discussion of the more elaborate late 15th century signs. 03, 02, C3 and C2 are familiar from sources of practical music, but groups of three letters and numerals, such as C22, are rare outside theoretical treatises. Interestingly enough, one of Hothby's own compositions, a three-part *Ora pro nobis*[1], is an example of these and other proportional signs. It is clear why Hothby approved of these triple signs: they indicated the perfection or imperfection of values from the maxima down to the breve, and even prolation could also be shown by the presence or absence of a dot in the circle or semicircle. Although many theorists from Guilelmus Monachus to Glareanus and Sebald Heyden continued to recommend this system[2], it must have seemed too cumbersome to practical musicians. Moreover, the use of the circle and semicircle to indicate *tempus* was too ingrained to permit the use of these signs to show *maximodus.*

1. John Hothby, *Collected Musical Works,* ed. A. Seay (1964), no. 2.
2. Cf. J. Wolf, *Geschichte der Mensural-Notation* I (Leipzig, 1904), 97.

The chapter on rests is fairly traditional, though it is unusual to find the croma rest described as having a circle at the top and bottom. The semiminim rest is also said to have a circle at the top, and so it seems likely that these circles are just a completion of the traditional hook. Clearly Hothby is a disciple of Johannes de Muris in any case, and the word should probably be "semicircle" rather than "circle", as in Muris' *Libellus cantus mensurabilis*[3]. Hothby's chapter on the use of the dot also brings to mind the *Libellus,* particularly the chapters on the imperfection of the maxima and of course on the dot itself[4]. Finally, the decreasing importance of ligatures in Hothby's time is shown by the fact that chapter 5 is reduced to three sentences.

The Faenza *De cantu figurato,* no. 2a[5], like the other Hothby treatises in this manuscript, is a *compendium brevissimum* which sticks relentlessly to essentials. In fact, it seems to be a shortened form of the Florence *Regulae,* though in this case the chapter on ligatures is the most important one by far. Chapter 1 gives the usual list of noteforms and then comes a catalogue of their perfect and imperfect relationships. A short discussion of the mensuration signs as found in the *Regulae* leads to the full but still concise survey of ligatures to end. Fortunately, the name of the scribe is given this time, together with time, place and date of writing: the first hour of September 20th, 1474 in the monastery at Reggio (d'Emilia). The copyist, Fr. Johannes Bonadies, was the author of a Kyrie[6] preserved in the same codex, which also contains all Hothby's compositions. Bonadies copied other treatises in the manuscript between 1470 and 1475, one of them at Mantua. Like Hothby, Bonadies was a Carmelite monk, which may explain his interest in Hothby's work, and he may well have known Hothby personally.

3. CS III, 58.

4. *Ibid,* 47f, 53.

5. No. 2b is obiously a variant of 2a, but is sufficiently different to warrant a separate edition. The section on rests, for instance, is totally omitted in the Faenza version.

6. Faenza, Biblioteca Comunale 117, f. 59v-60.

The *Regulae cantus mensurati* preserved in two London mss date from no earlier than 1500, long after Hothby's death. The British Library ms was written by John Tucke, B.A. in that year and the Explicit dated March 26th. The Lambeth Palace ms is a copy of the British library ms made somewhat later by another Oxford scholar, William Chelle, Precentor of Hereford Catheral. This copy is dated July 19th, 1526. Tucke obviously thought very much in proportional terms and in fact calls the treatise *Proportiones* in his Explicit, which explains why proportions are discussed at the very same time as the mensural theory. In his chapter 2, Tucke gives a veritable battery of mensuration signs, of which Hothby's own are those already found in the Florence *Regulae*. Alternative forms are probably Tucke's own. He simply expands the usual four prolations, indicated by ʘ, O, Ͼ, C, to include all relationships from maxima to minim by having a further circle or semicircle outside the other one (indicating the number of longs to the maxima), as well as a further dot between the two symbols if *modus* is triple.

In discussing the degrees of measure (the *gradus),* Tucke is using the terms initiated by Johannes de Muris[7], presumably in the words of Hothby. But for Muris there are four *gradus,* and only three for Tucke. The reason is that they are differently organised. Muris proceeds on the basis of four sets of three notes, each set organised in the relationship 3-2-1. Thus, his fourth degree consists of a semibreve of three minims, one of two minims, and finally the basic minim unit. Similarly, his first degree contains a triple long or maxima of 81 minims, a duple long of 54, and a long of 27. Tucke, however, is proceeding by combinations of *maximodus* and *modus, modus* and *tempus,* or *tempus* and *prolatio* groups. These are *his* three *gradus*. The first has the maxima, the second the longa, and the third the breve as the unit from which all the other notes are derived. Hence such

7. CSM 17 (1972), 78f (Johannes de Muris, *Notitia artis musicae);* also GS III, 295 and CS III, 398ff (Anon. VI, whose work begins as a copy of Muris).

terms as *perfectus maior a maxima (perfectus* signifying a perfect maxima and *maior* a perfect long). This scheme probably takes its origin in the *arbores* of the *Quatuor principalia*[8], where the author shows a gradual evolution from a basic *prolatio* group of two or three minims to a semibreve, eventually leading to a grandiose diagram where four levels of mensuration from maxima to minim show a triple relationship in all groups but the minims, which are imperfect. Thus, the triple long consists of 54 minims. The *Quatuor principalia* may also be responsible for the idea of three *gradus,* since chapter 21 of the fourth *principale, distinctio* 1, discusses three *gradus* of mensural music[9]. In this case, however, the author is thinking of the relationship 3-2-1, like Muris.

In chapter 4, Tucke goes into the more usual discussion of mode, time and prolation. The last chapter, however, no. 5, seems to echo once again an idea of the *Quatuor principalia,* namely that music is divided into *musica continua* and *musica discreta*[10]. The old Greek distinction in this case is used to distinguish between two unities, one that of the whole represented by the maxima, i.e. continuous quantity, the other that of the least or minim of discrete quantity. Hothby and Tucke probably knew the *Quatuor principalia,* but they also probably knew Boethius[11], who was in fact cited in the *Quatuor principalia*[12]. Medieval writers, however, were adept at using older concepts for their own purposes. Boethius simply passed on the Greek idea that *musica continua* was speech and *musica discreta* music as we know it. But in the *Quatuor principalia* these two terms are applied to plainsong and mensural music respectively. No wonder, then, that Hothby and Tucke went on to apply the same terms to a particular concept of mensural music as well.

8. CS IV, 263ff.
9. *Ibid,* 261f.
10. *Ibid,* 254f.
11. Cf. Boethius, *De institutione musica libri quinque,* ed. G. Friedlein (Leipzig, 1867).
12. CS IV, 254.

If the London *Regulae* may well be a reworking of earlier material by Hothby, the same is even more true of no. 4, *Del canto afigurato* of the Rome ms. This treatise, in spite of modernisation, is clearly based on Hothby's eight note-forms: maxima, longa, breve, semibreve, minim, semiminim, croma and semicroma, together with their rests. This alone would probably be insufficient to permit an ascription to Hothby if the work did not immediately precede his counterpoint rules in the manuscript[13]. The change in rhythmic thinking which occurred between Hothby's death and the first part of the 16th century when this codex was written is shown by the stress on duple rhythms. So much so that the triple division of *tempus perfectum cum prolatione imperfecta* is exemplified by a breve divided erroneously into only two semibreves, and *tempus imperfectum cum prolatione perfecta* by a semibreve divided into only two minims. If this is the fault of the copyist, it is also worth noting that the concluding example divides the maxima into nothing but duple values, up to 128 semicromae.

Still other mensural treatises might possibly be attributed to Hothby, like the anonymous compendium in ms Rome, Biblioteca Corsiniana, 36 D 31, f. 46v-47v. However, the evidence is insufficient in this case, even though Hothby material does occur in the earlier part of the same manuscript.

13. Cf. the description of this source in CSM 26 (1977), 73.

JOHANNES HOTHBY

1.

REGULAE CANTUS MENSURATI
(Florence ms)

THE MANUSCRIPT

Florence, Biblioteca Laurenziana, Plut. XXIX. 48 **Fl**
(Description in CSM 26, pp. 53-59)

Sequuntur regul*ae* cantus mensurati eiusdem Ottobi

Capitulum 1
De figuris

Fl 119v

[1]Octo sunt partes prolationis sive figur*ae* cantus simpliciter mensurabilis sive cantus figurati, videlicet maxima, longa, brevis, semibrevis, minima, semiminima, croma et semicroma. [2]Mult*ae* ali*ae* possunt etiam fieri secundum libitum ponentis, tamen hii sunt s*ae*pe et· s*ae*pius in communi usu, ut hiis patet figuris exemplum:

Ex. 1

[3]Nam sicut omne totum est in partes infinitas divisibile, sic maxima potest per infinitas partes dividi, sed h*ae*c partes sufficiunt quas vox humana proferri potest, et ideo vox ipsa partes maxim*ae* determinat. [4]Et si vis alias componere figuras, habeant formam modo tuo, cum hoc tamen quod habeat similitudinem aliquam cum figuris in pr*ae*senti usitatis, ne videaris removeri ab auctoritate doctissimorum priscorum.

[5]Maxima vero inmediate dividitur in tres partes vel in duas; si in tres, dicitur perfecta, si in duas, imperfecta, quia in trinario constat perfectio, in binario vero imperfectio. [6]Et quia inmediate sic dividitur, partes ill*ae* dividuntur propinqu*ae*, quia ipsam immediate maximam appellantur. [7]Namque longi, ut dictum est,

1: 2 hiis *pro* hii sunt *ms*|

similiter qu*a*elibet pars propinqua adhuc potest inmediate dividi in tres vel duas partes; si in tres, sic dicitur perfecta, si in duas, imperfecta. [8]Appellantur h*a*ec partes breves qu*a*e dicuntur partes propinqu*a*e longarum et remot*a*e maximarum, et sic deinceps; tamen partes propinqu*a*e brevium sunt partes remot*a*e longarum et remotiores maximarum, partes vero propinqu*a*e semibrevium qu*a*e dicuntur minim*a*e sunt partes remot*a*e brevium, remotiores longarum, et remotissim*a*e maximarum. [9]Unde ultra minimam non datur minimum, licet habeamus in usu abusive hoc vocabulum semiminima qu*a*e dicitur quasi minim*a*e medietas; sed proprie non dicitur semiminima sed minima bis vel ter prolata eodem tempore in quo minima debet pronuntiari. [10]Si bis tamen ad minimam, dicitur dupla, si ter tripla, si quater quadrupla, etc. [11]Et sic intelligendum est de ceteris figuris minoribus: hinc minima abusive loquendo quomodo dividitur hic est exemplum:

Ex. 2

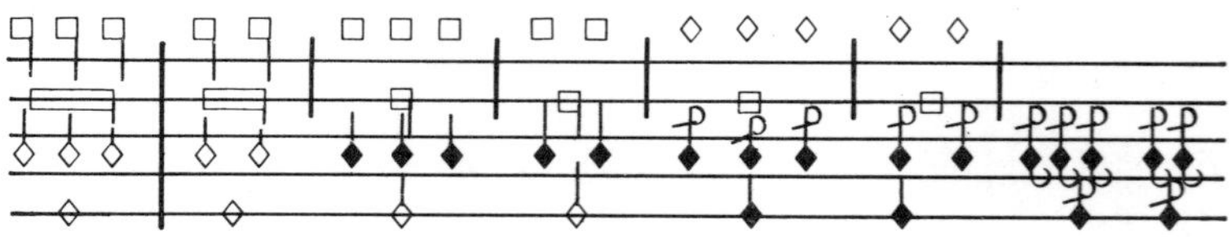

Capitulum 2
De signis et mensuris

Fl 120

[1]Item h*ae*c figur*ae* cognoscuntur signis, pausis, punctis, coloribus, subscriptionibus. [2]Unde circulus significat brevem divisam in tres semibreves, semicirculus significat brevem valentem duas semibreves. [3]Plenitudo circuli significat semibrevem valentem tres minimas, et eius vacuitudo significat semibrevem valentem duas minimas. [4]Unde respectu brevis ad suas partes propinquas, et quia sunt divisiones sive mensur*ae* qu*ae* hiis nominibus appellantur. [5]Unde perfectus maior, perfectus minor, imperfectus maior, imperfectus minor. [6]Unde sciendum est quod iste terminus perfectus denotat brevem perfectam, et imperfectus brevem imperfectam. [7]Maior denotat semibrevem perfectam, minor vero semibrevem imperfectam, ut hiis patet figuris:

Ex. 3

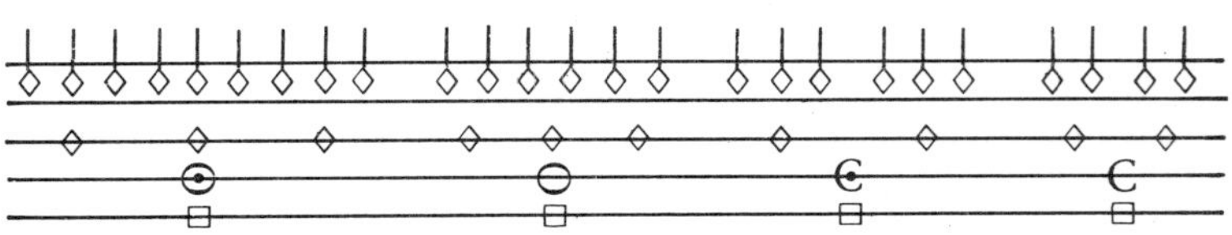

[8]Figura trinarii vel binarii posita post circulum vel semicirculum significat brevem perfectam vel imperfectam. [9]Circulus vero vel semicirculus significat longam perfectam vel imperfectam. [10]Amb*ae* figur*ae* trinarii vel binarii postponantur circulum vel semicirculum, prima repr*ae*sentat longam perfectam vel imperfectam et secunda brevem perfectam vel imperfectam. [11]Circulus vel semicirculus vero significat maximam perfectam vel imperfectam, et plenitudo sive vacuitudo nunquam mutat significationem, exemplum hic patet:

Ex. 4 | 03 | 02 | C3 | C2 || ʘ33 | Є22 | C22 ||

2: 8 preposita ante *pro* posita post *ms*/ /10 preponantur *pro* post- *ms*/ /brevem *pro* longam *ms*/ /longam *pro* brevem *ms*/

Capitulum 3
De pausis

Fl 120

[1]Sex sunt paus*a*e, videlicet pausa longa, brevis, semibrevis, minima, semiminima et croma. [2]Pausa long*a*e significans longam perfectam transit per tria spatia, et imperfectam significans transit per duo spatia. [3] Et si sint tres simul copulat*a*e, significant maximam perfectam, et si du*a*e, maximam imperfectam. [4]Pausa brevis transit per unum spatium, tam significando brevem perfectam quam imperfectam. [5]Unde per illam pausam nulla figura cognoscitur. [6]Pausa semibrevis, tangendo lineam subter, trahitur deorsum usque ad medium spatium, et similiter per illam nulla figura cognoscitur. [7]Pausa minim*a*e, tangens lineam supra, sursum ascendit usque ad medium spatium, nec per istam cognoscitur aliqua figura, nisi tres vel du*a*e simul ponantur. [8]Pro semiminima, pausa similiter tangens lineam supra, ascendens usque ad medium cum circulo in summitate, nullam perfectionem vel imperfectionem denotat, nec pausam crom*a*e qu*a*e sic ascendit cum circulo supra et infra. [9]Item quando inveniuntur du*a*e paus*a*e semibrevis, denotat brevem valentem tres semibreves secundum communem usum. Exempla sunt h*a*ec:

Ex. 5

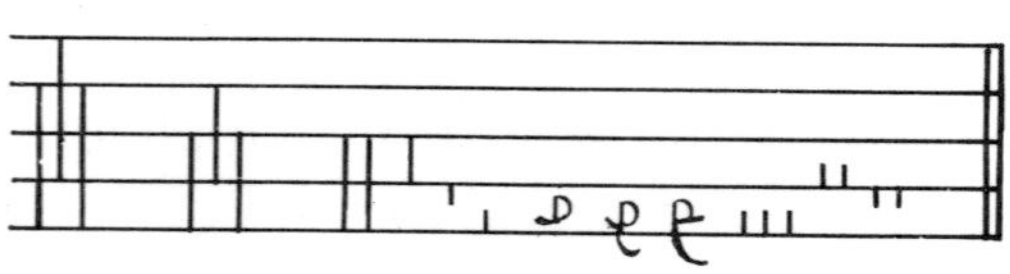

3: 8 semibrevi *pro* semiminima *ms*/

Capitulum 4
De punctis

Fl 120v

[1]Quando punctum ponitur inter duas longas, denotat maximam esse perfectam sua natura, et si ponatur inter duas breves, denotat longam esse perfectam; et quando inter duas semibreves, denotat brevem esse perfectam; et quando inter duas minimas, denotat semibrevem esse perfectam, nisi fortasse illud punctum reduceretur ad aliquam figuram ante vel post. [2]Et punctum sic positum inter duas longas facit maximas imperfectas; et si inter duas breves, facit longam vel longas imperfectas; et si inter semibreves, facit breves imperfectas; et si inter minimas, sunt breves vel semibreves.

[3]Unde duplex est punctum, imperfectionis et divisionis. [4]Punctum perfectionis facit figuram esse perfectam, divisionis dividendo minoris facit maioris imperfectas vel aliquam imperfectam et aliquam alteram, id est duplicatam. [5]Unde si inter duas maximas ponuntur du*a*e long*a*e vel tres, prima maxima dicitur perfecta, nulla longa pr*a*ecedente, a qua possit imperfici, nisi punctus ponatur inter duas longas, qu*a*e faciunt illas maximas imperfectas ratione puncti. [6]Et sic intelligendum est de ceteris figuris, ut hic patent exempla:

Ex. 6

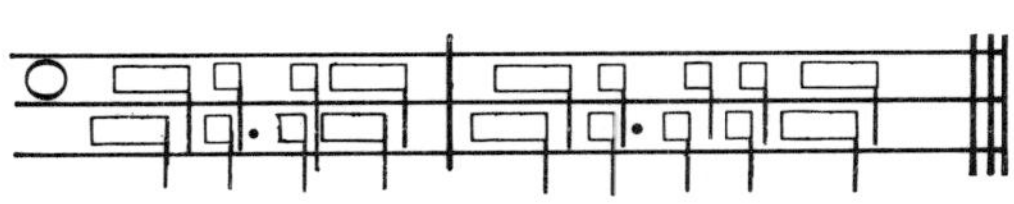

4: 1 minimam *pro* semibrevem *ms*/

[7]Item quando inter duas maximas ponitur una longa vel quatuor, nulla longa pr*a*ecedente a qua possit imperfici, prima longa imperficit primam maximam, nisi ponatur iuxta maximam punctum quod dicitur punctum perfectionis, quia retinet illam maximam in sua perfectione, ut hic patet:

Ex. 7 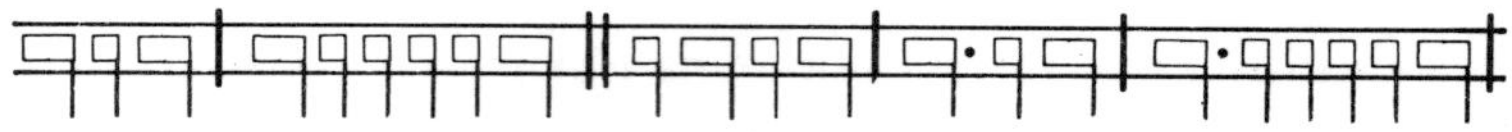

Capitulum 5
De ligaturis

Fl 120v

[1]Nota quod prima nota altior secunda, nulla virgula in sinistro, et ultima nota quadrata inferior penultima, ac ultima nota altior penultima quacumque virgula in dextro, est longa: *Ex. 8* 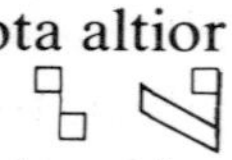 [2]Prima nota, virgula in sinistro ascendente, est semibrevis, et ita socia eius, nulla regula contradicente: *Ex. 9* 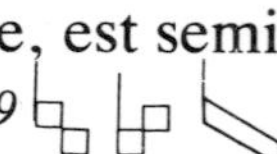 [3]Et pr*a*eter longam et semibreves duas, omnes ali*ae* not*ae*, si essent mille, sunt breves, tam in principio quam in medio necnon in fine, ut hic: *Ex. 10* 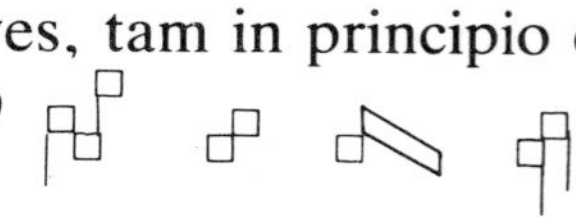

4: 7 ubi *pro* nisi *ms/*

2a.

DE CANTU FIGURATO SECUNDUM HOTHBI
(Faenza ms)

THE MANUSCRIPT

Faenza, Biblioteca Comunale, 117 **Fa**
(Description in CSM 26, pp. 97-100)

[1]De cantu figurato secundum eundem fratrem
Johannem Hothbi Carmelitam

Capitulum 1
De figuris

Fa 26 (25)

[2]Octo sunt figur*a*e mensurabilis cantus, videlicet maxima, longa, brevis, semibrevis, minima, semiminima, croma et semicroma, ut hic:

Ex. 1

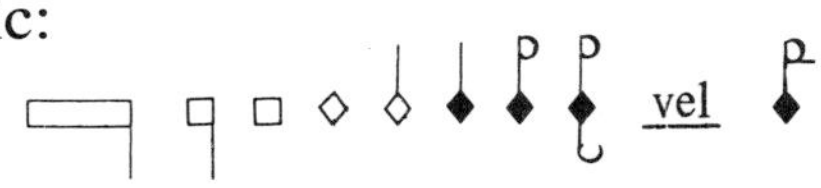

[3]Duplex est maxima, scilicet perfecta et imperfecta. [4]Maxima perfecta valet tres longas, et tunc est de modo maximarum perfectarum. [5]Maxima imperfecta valet duas longas, et tunc est de modo maximarum imperfectarum. [6]Dupla est longa, scilicet perfecta et imperfecta. [7]Longa perfecta valet tres breves, et tunc est de modo longarum. [8]Longa imperfecta valet duas breves, et tunc est de modo longarum imperfectarum. [9]Duplex est brevis, scilicet perfecta et imperfecta. [10]Brevis perfecta valet tres semibreves, et tunc est de tempore perfecto. [11]Brevis imperfecta valet duas semibreves, et tunc est de tempore imperfecto. [12]Duplex est semibrevis, perfecta et imperfecta. [13]Perfecta valet tres minimas, et tunc est de maiori prolatione. [14]Semibrevis imperfecta valet duas minimas, et tunc est de minori prolatione, ut hic patet:

Ex. 2

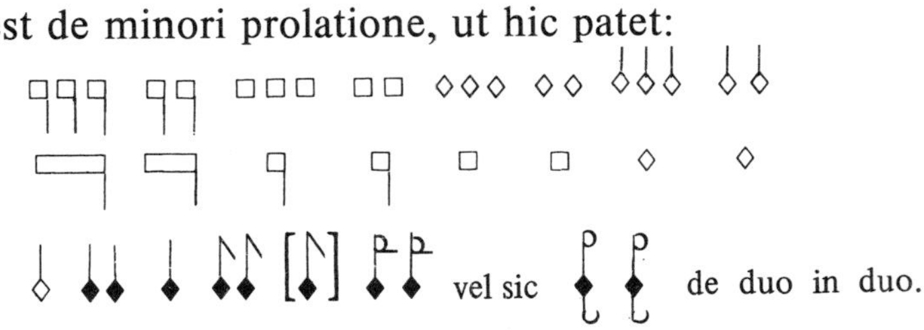

Capitulum 2
De signis et mensuris

Fa 26 (25)

[1]Circulus denotat quod brevis valet tres semibreves, et plenitudo denotat quod semibrevis valet tres minimas. [2]Semicirculus denotat quod brevis valet duas semibreves, et vacuitas denotat quod semibrevis valet duas minimas, ut hic:

Ex. 3 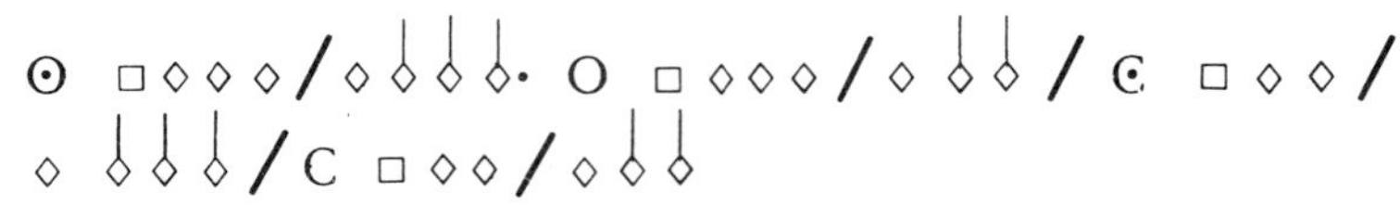

[3]Et si post circulum vel semicirculum sequitur signum ternarii vel binarii, circulus vel semicirculus denotat longam, et signum sequens denotat brevem; et si post circulum vel semicirculum sequuntur duo signa binarii vel ternarii, circulus vel semicirculus denotat maximam, signum ternarii vel binarii sequens denotat longam, et tertium signum binarii vel ternarii denotat brevem, ut hic:

Ex. 4 ⊙3 Ͼ3 O3 C3 ⊙33 ⊙32 ⊙23 ⊙22 Ͼ33 Ͼ32 Ͼ23 Ͼ22
O33 O32 O23 O22 C33 C32 C23 C22

Capitulum 3
De punctis

Fa 26 (25)

[1]Duo sunt puncta, videlicet punctus perfectionis et punctus divisionis. [2]Si punctus perfectionis stat iuxta maximam, illa maxima valet tres longas, et si stat iuxta longam, illa valet tres breves, et si stat iuxta brevem, illa valet tres semibreves, et si stat iuxta semibrevem, illa valet tres minimas:

Ex. 5 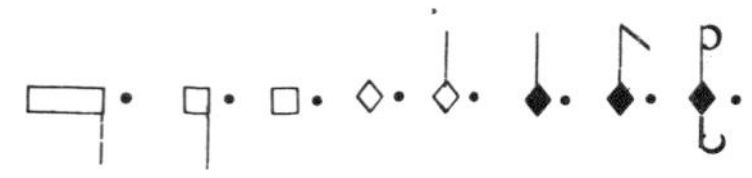

[3]Punctus divisionis dividit longas imperficiendo maximas, semibreves imperficiendo breves, minimas imperficiendo semibreves:

Ex. 6 

Capitulum 4
De ligaturis

Fa 26-26v (25-25v)

[1]Duplex est ligatura, recta et pendens. [2]Ligatura recta est quando prima figura inferior secunda, vel quando ultima quadrata est inferior penultima. [3]Ligatura pendens est quando prima figura est altior secunda, vel ultima quadrata immediate altior penultima. [4]Quando ligatura est recta in principio sine virgula, dicitur cum proprietate, et in fine sine virgula dicitur cum perfectione. [5]Item quando ligatura est pendens in principio sine virgula, dicitur esse sine proprietate, et in fine dicitur sine perfectione. [6]Et omnis ligatura habens virgulam ascendentem in parte sinistra dicitur cum opposita proprietate, ut hic:

Ex. 7 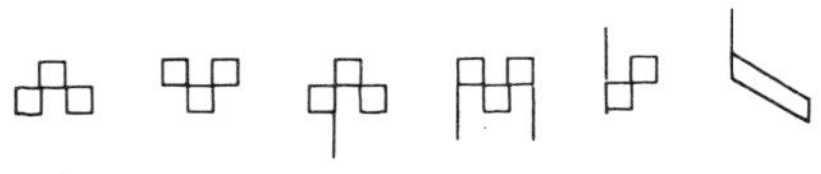

[7]Omnis ligatura cum proprietate facit primam esse brevem, et sine proprietate facit primam esse longam, et cum opposita proprietate facit primas duas esse semibreves; et cum perfectione facit ultimam esse longam, et sine perfectione facit ultimam esse brevem, ut hic:

3: Ex. 6: penultima nota croma ms]

Ex. 8 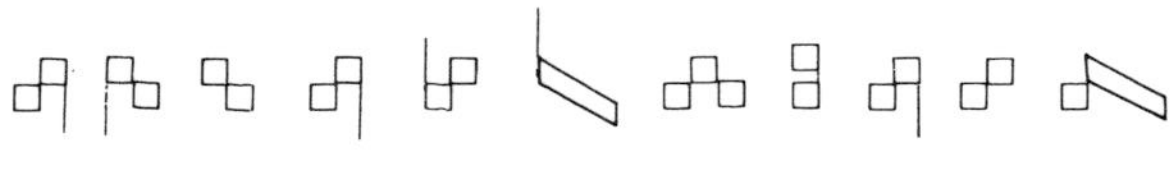

[8]Omnes figur*ae* prim*ae* et ultim*ae*, si essent mille, sunt omnes breves, nisi ligatura esset cum opposita proprietate, qu*ae* facit duas illas esse semibreves, ut supradictum est. [9]Maxima propter suam magnitudinem est cognita in omni loco, et longa nunquam vim suam perdit quam extra ligaturam habebat. [10]Ligatura cum proprietate et perfectione, loquendo secundum veritatem, principaliter convenit music*ae* Gregorian*ae*, quia omnis ligatura in musica Gregoriana vocatur in principio cum proprietate et in fine cum perfectione. Sed tantum isti 5 modi serviunt music*ae* mensurabili, quia habuerunt fundamentum suum a musica Gregoriana qu*ae* proprie musica appellata est.

[11]Si vis scire si ligatura ascendit vel descendit, debes respicere ad secundam figuram, si est altior vel inferior prima: si est altior, ille ligatura ascendit; si inferior, illa ligatura descendit. [12]Ligatur*ae* in principio ascendenti convenit sola res, scilicet quod prima figura sit mera quadrata, ut hic:

Ex. 9 

[13]Ligatur*ae* in principio descendenti sola res convenit, scilicet quod prima figura habeat virgulam finitam in parte sinistra descendente, ut hic:

Ex. 10 

[14]Et hoc modo vocatur cum proprietate, et si alio modo inveniantur, vocantur sine proprietate, vel cum opposita proprietate, et hoc quando virgula ascendit:

Ex. 11 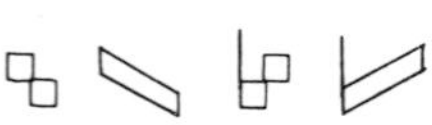

[15]Ligatur*ae* in fine ascendenti vel descendenti convenit quod ultima figura sit altior vel inferior penultima: si est altior penulti-

ma, illa ligatura ascendit; si est inferior, illa ligatura descendit. [16]Ligatur*ae* in fine ascendenti sola res convenit, id est quod ultima nota sit recta supra penultima vel habeat unam virgulam finitam in parte dextera descendente, ut hic:

Ex. 12 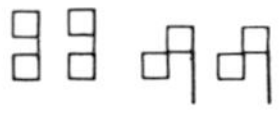

[17]Ligatur*ae* in fine descendenti sola res convenit, scilicet quod ultima figura sit mera quadrata, ut hic:

Ex. 13 

[18]Et hoc modo vocatur cum perfectione, et si alio modo inveniatur, vocatur sine perfectione, ut hic:

Ex. 14 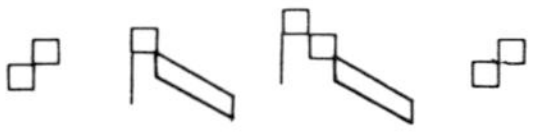

[19]Et sic in omnibus modis reperiuntur ligatur*ae* cum proprietate et cum opposita proprietate et cum perfectione et sine perfectione. Amen. [20]Et sic est finis per me fratrem Jo. Bonadies in conventu Regii hora prima noctis 1474 die 20 septembris.

2b.

DE CANTU FIGURATO SECUNDUM HOTHBI
(Venice ms)

THE MANUSCRIPT

Venice, St. Marks Library, Lat. VIII, 82, coll. 3047. 15th century; cod. papyr.; 135 × 101 mm.; 153 folios. **V**

f.1-26	Compendium musicale Nicholai de Capua. Inc. "Ad laudem sanctissime trinitatis ac gloriose virginis Marie dulcissime matris eius et totius curie celestis. Incipit compendium musicale a multis doctoribus et philosophis editum et compositum, et per presbyterum Nicholaum de Capua ordinatum, sub anno domini M°CCCC° 15. Cum igitur humana natura naturaliter scire desiderat, ideo divina clementia filosophis peritiam . . ." Expl. ". . . neque sufficiunt quinque linee, sed additur una." (La Fage, 308-338).
f.26	Annotationes de musica falsa. Inc. "Rubrica quomodo del tono se fa semitonio et e converso: Musica falsa. Et nota che se una particella del canto dismonta per uno tono . . ." Expl. "Et in nessuno genere sono messi."
f.26v-28	*Gloria patri* in octo modis cum notis.
f.28v	Exempla proportionum ad duae voces.
f.29	Exemplum cantus plani.
f.29v	Annotationes variae de musica. Inc. "Descriptio Monocordi. Monocordum est lignum concavum . . ." Expl. "Hec exempla sunt vera quantum ad neumas; principia vero sunt falsa in quantum ad ligaturas."
f.30-37v	Anonymi de contrapuncto. Inc. "Inprimis dicetur qualiter contrapunctus de iure debet diffiniri." Expl. "Tu etiam qui cupis habere huius notitiam . . . per omnia secula seculorum. Amen."
f.37v-39v	Exempla mutationis cum notis.
f.40-62	"De musica intervallosa" Johannis Hothby. Inc. "Regule in monocordio sunt viginti due . . ." Expl. "Et sic faciliter potes dare reliquis consonantiis proprias descriptiones."
f.62	Sequitur annotatio cum notis: "Ligatura non debet habere . . ."

f.63-65 Tractatus anonymus de contrapuncto. Inc. "[Q]uid est contrapunctus? Contrapunctus nil aliud est nisi notam contra aliam notam ponere . . ." Expl. ". . . sed si potere erit voci, posset bene duplicari."

f.65-66v Alius tractatus anonymus de contrapuncto. Inc. "Incipit alia regula contrapunti. Nota quod novem sunt species contrapunti . . ." Expl. "Quinta succedunt species a propinquiori si necessitas contrarius non iusserit expedire. Deo gratias finis."

f.66v-67 Alius tractatus anonymus de contrapuncto. Inc. "Alia regula contrapunti. [D]ebemus scire quod omne contrapunctum debet incipi et finiri per voces perfectas. Item non possumus facere in contrapuncto . . ." Expl. "Perfecte: Unisonus, quinta, octava, duodecima, quarta decima. Inperfecte: tertia, sexta, decima, tertia decima."

f.67-68v Tractatus anonymus de musica mensurabili. Inc. "Regule cantus figurati. [Q]uatuor sunt partes prolationis in cantu figurato . . ." Expl. "Maxima, longha, Brevis, Semibrevis, Minima" (cum notis).

f.69-73v Tractatus de proportionibus Johannis Hothby lingua italiana scriptus. Inc. "Incominciano certi preambuli composti da lo Venerabile in Musica doctore Maestro Giovanni hochtobi Anglico et Carmelita necessarii alle proportioni. Ogni numero ha tante parti quante ch'egli a sotto di se unita . . ." Expl. "Et qui paiano li exempli di tutte quante le generationi come qui" (exemplum).

f.73v-75 "Alia regula. De proportionibus" secundum Johannem Hothby (?). Inc. "Proportio est habitudo duorum terminorum ad invicem . . ." Expl. ". . . et insuper aliquas eius partes, cuius species sunt ut supra in aliis regulis."

f.75-77 "Incipiunt Regule contrapuncti secundum predictum Magistrum" [Johannem Hothby]. Inc. "Nota quod tredecim sunt species contrapuncti, videlicet unisonus, tertia . . ." Expl. ". . . qui erit pulcherrimus modus, sic fugiendo multotiens consonantias finales."

f.77-79v "Regule Magistri Johannis hoctobi anglici Cantus" figurati. Inc. "Figure cantus figurati sunt octo, videlicet Maxima,

Longa, Brevis . . ." Expl. ". . . semper imperficit eas, nisi impediatur per punctum, ut hic inferius patet." Sequitur exemplum musicale. (Cf. CS III, 330-332).

f.79v Sequitur manu recentiori: "Musicus secundum Boetium is erit cui aderit facultas speculationis . . ." Expl. ". . . ut vocem vulnerat."

f.80-114v "La caliopea Leghale reducta in brevita Per Maestro Giovanni Octobi Carmelita . . ." Inc. "Le parti de la musica melliflua sono quatro . . ." Expl. "Le undecime taule dimostrano tutte le modulationi in fine alle quinta. Undecime taule delle note per le modulationi reductive." Sequuntur tabulae. (Coussemaker, *Histoire de l'harmonie*, 297-349; Schmidt).

f.115-136v De arithmetica Boethii a capitulo 21 libri primi ad finem tertii. "De relata ad aliquid quantitate secundum Boetium severinum". Inc. "Ad aliquid vero quantitatis duplex est prima divisio. Omne enim aut equale est aut inequale . . ." Expl. ". . . et ceteri eodem modo ut nullus hanc continuationem finis impediat." (G. Friedlein, ed., Boethius, *De institutione arithmetica* (Leipzig, 1867), 45 ff).

f.136v [Sequitur haec annotatio cancellata manu recentiori: "Hic liber est ad usum fratris Gabrielle de Florentia, vaginarii, quem sibi dedit Frater Dominichus de Florentia, et frater Ieronimus de Cortona ei concessit die 15 ottubris 1498, anno secundo sui vicariatus. Ammen."].

f.137-139 De monocordo secundum Johannem Hothby(?). "Iste est modus et ordo faciendi monocordum antiquum." Inc. "Inprimis fit una linea longa omni modo, et in extremitate sit punctus . . ." Expl. ". . . que perfectio est perfectior quam operatio exterior. Nisi in quantum deo servimus per servitium quo mediante sua gratia vitam etternam aqquirere possumus. Ammen." (cf. ms Florence, Biblioteca Nazionale, Pal. 472, f.15).

f.139-139v Tractatus anonymus de ligaturis. "De ligaturis". Inc. "Nota quod istarum ligaturarum prima et secunda vocantur semibreves . . ." Expl. "Nota quod perfecta ante perfectam perficitur et fa (?) prolationem minoris perfecti."

f. 140	Exemplum musicale.
f. 140v	Manus guidonica.
f. 141-141v	Vacant.
f. 142-147	Terminorum musicalium diffinitorium anonymi. "Incipit unum quodlibet in arte musicali, tam practice quam theorice." Inc. "De difinitione musice: inprimis Ugo in Flores Musice. Musicha est liberalis scientia periite cantandi copiam administrans . . ." Expl. ". . . Quadruplex sexquiquartas, ac deinceps in hunc modum. Fit igitur duplorum terminorum subiecta descriptio." Sequuntur tabulae proportionum.
f. 147v	Vacat.
f. 148-151	De notis gammatis et eius partibus anonymi. "Incipit quedam manus cum rationibus in musica firma." Inc. "Quisquis ad canendi scientiam erudiendus accedis, dispositionem, vim et ordinem . . ." Expl. "Sunt ergo 8 tropi sive toni numero differentes, quorum quilibet suam formam, ordinem atque modum habet, ut infra patebit exemplo."
f. 151v-152	Vacant.
f. 152v-153	Non agunt de musica.

[1]Regul*ae* Magistri Johannis Hoctobi anglici cantus *figurati*

Capitulum 1
De figuris

V 77

[2]Figur*ae* cantus figurati sunt octo, videlicet maxima, longa, brevis, semibrevis, minima, semiminima, croma, semicroma, et in hiis patent figuris, ut hic:

Ex. 1

[3]Maxima est duplex, videlicet perfecta et imperfecta. [4]Perfecta valet tres longas, et tunc dicitur de modo maximarum perfecto. [5]Maxima imperfecta valet duas longas, et tunc dicitur de modo maximarum inperfecto, ut hic:

Ex. 2

[6]Longa est duplex, scilicet perfecta et imperfecta. [7]Perfecta habet tres breves, et tunc dicitur de modo longarum perfecto. [8]Longa imperfecta valet duas breves, et dicitur de modo longarum imperfecto, ut hic:

Ex. 3

[9]Brevis est duplex, scilicet perfecta et imperfecta. [10]Perfecta valet tres semibreves, et tunc dicitur de tempore perfecto. [11]Imperfecta valet duas semibreves, et tunc dicitur de tempore imperfecto, ut hic:

Ex. 4

1: 4 numero *pro* modo *ms*/

[12]Semibrevis est duplex, scilicet perfecta et imperfecta. [13]Perfecta valet tres minimas, et tunc dicitur de maiori prolatione. [14]Imperfecta valet duas minimas, et tunc dicitur de minori prolatione, ut hic:

Ex. 5

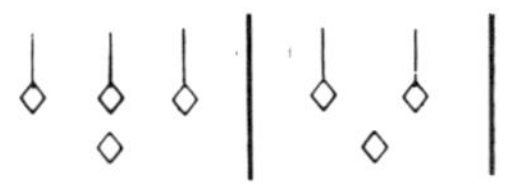

[15]Reliqu*ae* figur*ae* omnes secundum comunem usum semper sunt imperfect*ae*, quamvis perfect*ae* esse possint, cum quolibet totum sit divisibile tam per binarium quam per trinarium et e converso, ut hic:

Ex. 6

[16]Perfectus maior, perfectus minor, imperfectus maior, imperfectus minorque patent in hiis figuris:

Ex. 7

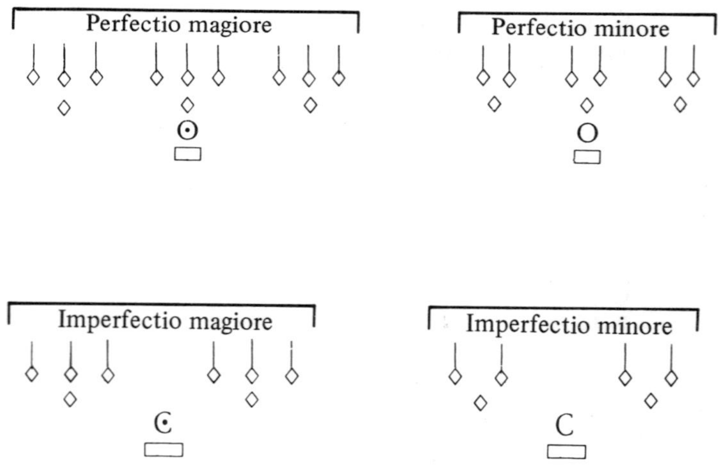

Capitulum 2
De signis et mensuris

V 78

[1]Circulus significat brevem perfectam, semicirculus imperfectam. [2]Punctus in circulo vel in semicirculo positus significat *semi*brevem perfectam, et vacuum significat semibrevem imperfectam, quamvis omnes figur*a*e alb*a*e sint inperfect*a*e secundum consuetudinem pr*a*eter brevem qu*a*e indifferenter accipitur.

Capitulum 3
De ligaturis

V 78

[1]Ligatur*a*e figurarum sunt quinque, videlicet cum proprietate, sine proprietate et cum opposita proprietate; qu*a*e quidem tres pertinent principio ligaturarum. [2]Reliqu*a*e sunt cum perfectione, qu*a*e et sine perfectione; qu*a*e earum fini accidunt.

[3]Ligatura figurarum cum proprietate ascendens habet primam figuram inferiorem secunda et meram quadratam; et si cum virgula descendente in parte dextra, dicitur sine proprietate. [4]Et si in parte sinistra ascendente, dicitur cum opposita proprietate, ut hic:

Ex. 8

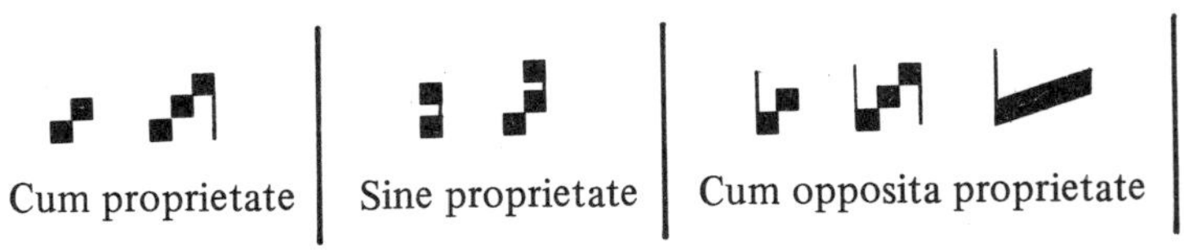

[5]Ligatura cum proprietate descendens habet primam figuram altiorem secunda cum virgula in parte sinistra descendente; et si

sine virgula, sine proprietate dicitur. [6]Et si cum virgula in parte sinistra descendente, dicitur cum opposita proprietate, hoc modo:

Ex. 9

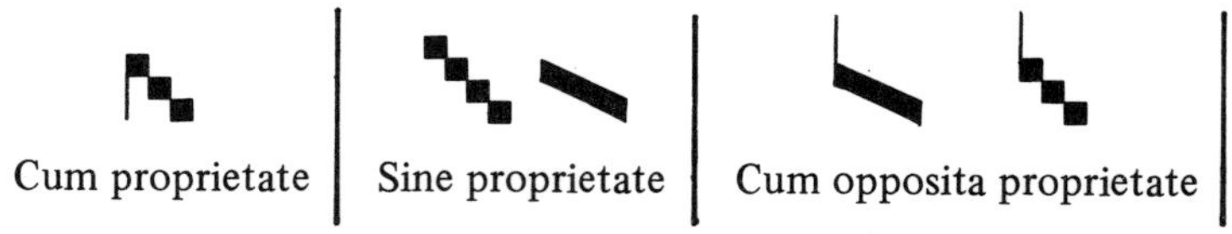

[7]Omnis ligatura cum proprietate facit primam figuram brevem, et sine proprietate longam, et cum opposita proprietate duas primas semibreves; medius vel medi*a*e omnes ubicumque breves dicuntur, nisi si cum opposita proprietate ut supra diximus.

[8]Ligatura ascendens cum perfectione habet ultimam figuram altiorem penultima directe supra illam, vel cum virgula in parte dextera descendente; et si est sine virgula, sine perfectione dicitur, ut hic:

Ex. 10

[9]Ligatura cum perfectione descendens facit ultimam figuram inferiorem penultima meram quadratam; et si obliquam, sine perfectione dicitur, hoc modo:

Ex. 11

[10]Omnis ligatura cum perfectione facit ultimam figuram longam sive brevem, nisi sit cum opposita proprietate qu*a*e amb*a*e semibreves sunt. [11]Sed longa ubicumque virgula cognoscitur, et maxima sua magnitudine etc., ut hic:

Ex. 12

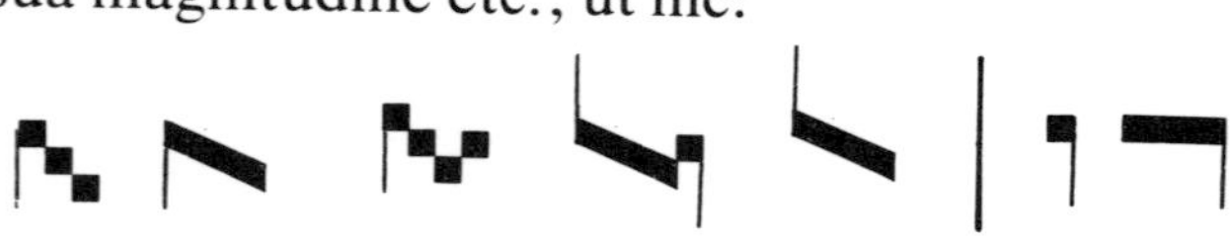

3: Ex. 10: tertiam virgulam om. ms/

Capitulum 4
De pausis

V 78v

[1]Paus*ae* sunt sex, videlicet paus*ae* long*ae*, brevis, semibrevis, minim*ae*, semiminim*ae* et crom*ae*. [2]Pausa long*ae* de modo imperfecto transit per duo spatia, et de modo perfecto per tria. [3]Pausa brevis transit per unum spatium sive perfect*ae* sive imperfect*ae*. [4]Pausa semibrevis descendit ad medium spatium in quavis prolatione. [5]Pausa minim*ae* ascendit ad medium spatium, similiter pausa semiminim*ae* cum unco supra. [6]Et pausa crom*ae* ponitur in medio spatio cum unco supra et infra. [7]Et quando paus*ae* longarum ponuntur bin*ae*, significat maxima erit imperfecta; et quando trin*ae*, significat de modo perfecto, ut hic:

Ex. 13

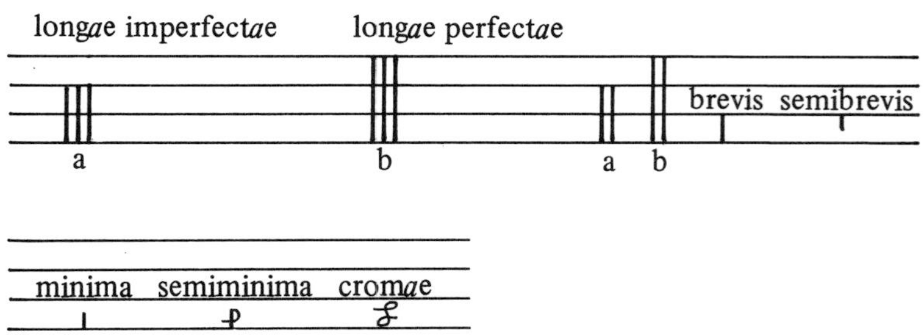

[8]Et quando reperiuntur du*ae* paus*ae* semibrevium simul stantes, cantus erit de tempore perfecto.

Capitulum 5
De punctis

V 79

[1]Puncti sunt duo, videlicet punctus perfectionis et divisionis. [2]Quando punctus perfectionis *stat* iuxta maximam, valet longam;

iuxta longam, valet brevem; iuxta brevem, semibrevem; iuxta semibrevem, minimam; iuxta minimam, semiminimam, ut hic inferius patet:

Ex. 14

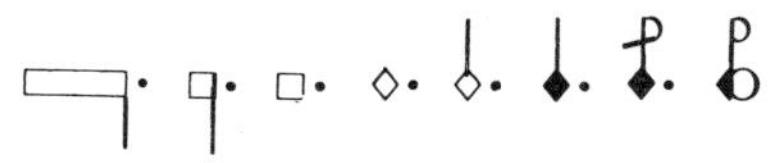

[3]Punctus divisionis ponitur inter duas semibreves ad imperficiendum breves, vel maximam vel longam ratione brevium in eis intellectarum. [4]Et hoc fit quando numerando breves adinvicem divisione trinaria, una sola qu*a*e tales figuras imperficere debet. [5]Et quando reperiuntur du*a*e semibreves ante brevem perfectam, ultima semibrevis alteratur, id est duplicatur, ut hic:

Ex. 15

[6]Et tot semibreves possunt a maximis et longis abstrahi quod in eis intelligunt breves, ut hic:

Ex. 16

[7]Et punctus divisionis inter semibreves positus significat brevem esse de tempore perfecto; pr*a*eterea quando semibrevis sola pr*a*ecedit vel sequitur illas figuras, semper imperficit eas, nisi impediatur per punctum, ut hic inferius patet:

Ex. 17

5: 7 tertia *pro* preterea *ms/*

3.

REGULAE CANTUS MENSURATI SECUNDUM IOANNEM OTTEBY
(London mss)

London, British Library, Additional 10336. 1500; cod papyr.; 149 × 105 mm.; II + 14 + 103 + 19 + II folios; written by John Tucke, Master of Arts at New College, Oxford. **L_1**

f.6-18 — Libellus cantus mensurabilis Johannis de Muris. Inc. "Quilibet in arte practica mensurabilis cantus erudiri mediocriter affectans . . . Quinque sunt partes prolationis . . ." Expl. "Et hec predicta quamquam rudia sufficiant in arte practica mensurabilis cantus anhelantibus introduci. Explicit." (CS III, 46-58).

f.18 — Tenor moteti *Veni sancte spiritus* "quod Dunstable".

f.18v-31v — Tractatus incompositus de musica. Inc. "In primis loquamur de typo et eius natura". Expl. "Idemque iudicium est dandum de aliis 4 modis de minori prolatione." Sequitur tabula.

f.31v-57v — De numeris. Inc. "Omnis numerus circum se positorum et sibi invicem naturali dispositione . . ." Expl. "Quorum mensura nulla communis est, nisi forte omnium horum principatrix et mater unitas."

f.58-62v — Tractatus de proportionibus secundum Johannem Hothby. Inc. "Quid est proportio: est duarum quantitatum eiusdem generis . . ." Expl. ". . . continet in se semel totum minorem et eius partem non aliquotam tres quartas, ut infra." Sequitur tabula: "Exempla multiplicium in radicibus."

f.62v-73v — Regulae cantus mensurati secundum Johannem Hothby. Inc. "Figure enim cantus choralis sunt octo". Expl. ". . . prout accipit figuras geometricas loco sonorum tanquam eorundem signa. Proportiones secundum ioannem otteby magistrum in musica expliciunt feliciter vicesimo sexto die martii 1500. Scriptus per me dominum Joannem tucke in artibus bacchalaurium necnon huius artis non inexpertum."

f.74-81v — Tractatus de arithmetica. Inc. "Hec algorismus ars presens dicitur in qua Talibus . . ." Expl. ". . . nisi fiat ultimus saltus et retractio versus departum (?)".

f.82-83 — Annotationes diversae. Inc. "Littera, scilicet dominicalis,

	bissextus primatio pascha notantur . . ." Expl. ". . . formosos dico colores".
f.83v	Vacat.
f.84-97v	Tractatus anonymus de proportionibus. Inc. "Omnis proportio vel est communiter dicta vel proprie dicta". Expl. ". . . sed inter 4 et 3 est proportio sesquetertia, que minor est quam proportio . . . vera. Et hec sufficiunt ad presens."
f.97v-98	Annotationes de proportionibus et coloribus. Inc. "Nota bene. Rede to blacke ys sesquealtra . . ." Expl. "Item Rede to blew sesqueoctava."
f.98v-99v	Abbreviatio secundi principalis, cap. II-V, Simoni Tunstede attributi. Inc. "Moyses dixit repertorem huius artis musice fuisse Tubal." Expl. "secundi septenarii littere sunt acute. Cetere vero sunt superacute." (CS IV, 206-208).
f.99v	De proportionibus semiditoni et ditoni. Inc. "Proportio semiditoni est proportio superquintipartiens 27as . . ." Expl. ". . . veluti 81 ad 64."
f.100-100v	Annotationes de proportionibus et coloribus. Inc. "Secundum figuras et secundum exigentiam figurarum connumerantur proportiones." Expl. "Figure sunt iste 8: ⊙, O, Ͼ, C, Φ, ₵, Ͼ, Ͼ."
f.100v-104v	Tractatus incompositus de intervallis proportionibusque. Inc. "Ditonus fit ex duobus tonis . . ." Expl. ". . . Tripla vero diapente ac diapason, Quadrupla autem bis diapason. Nota quod quando Boetius loquitur de deductione, intelligit per dicta locum ubi ista vox ut in monacordo potest reperiri. La fine quod Dominus Joannes Tucke Socius quondam perpetuus novi collegii beate marie Wyntonie in oxonio ac in artibus bacchalarius cuius anime propitietur deus."
f.105	De pedibus metricis et notis musicalibus comparatio. Inc. "Dactilis ex prima longa et duabus brevibus . . ." Expl. "Dispondeus ex 𝆷𝆷𝆷𝆷."
f.105v-106	Annotationes de perfectione et imperfectione. Inc. "Nota quod ex duabus minimis fit semibrevis imperfecta . . ." Expl. ". . . tunc dicitur (maior) minor prolatio."

f. 106v — Annotationes de proportionibus et coloribus. Inc. "Blacke fulle ys perfet of the more." Expl. "Blacke full to blacke voyde ys subdupla."

f. 107-108v — Annotationes diversae. Inc. "Interpretatio sex notarum, videlicet la, sol, fa, mi, re, ut . . ." Expl. ". . . quando quelibet nota in cantu multiplicat aliam a principio usque ad finem, ut 1, 2, 3, 4, 5, 6, 7, 8, 9, 10, etc."

f. 109-114v — Medicinalia cum epitaphio pro Joanne Tucke.

London, Lambeth Palace 466. 1526; cod papyr.; 201 × 145 mm; I + 8 + 72 + I folios; written by William Chelle, Precentor of Hereford Cathedral and Mus. Bac., Oxon. A copy of $\mathbf{L_1}$ with some omissions and abbreviations. $\mathbf{L_2}$

f. 1-9v — Libellus cantus mensurabilis Johannis de Muris. Inc. "Quilibet in arte practica mensurabilis cantus erudiri mediocriter affectans . . .Quinque sunt partes prolationis . . ." Expl. "Et hec predicta quamquam rudia sufficiant in arte practica mensurabilis cantus anhelantibus introduci. Explicit." (CS III, 46-58).

f. 9v — Tenor moteti *Veni sancte spiritus* "Quod Dunstable ."

f. 10-18 — Tractatus incompositus de musica. Inc. "De typo et eius natura. Typus grece de transumptio latine." Expl. "Idemque iudicium est dandum de aliis 4 modis de minori prolatione."

f. 18v — Vacat.

f. 19-22v — Tractatus de proportionibus secundum Johannem Hothby. Inc. "QUID EST PROPORTIO: EST duarum quantitatum eiusdem generis . . ." Expl. ". . . continet in se semel totum minorem et eius partem non aliquotam tres quartas ut 7 ad 4or vel 14 ad 8 ac deinceps." Sequuntur tabulae.

f.22v-30v Regulae cantus mensurati secundum Johannem Hothby. Inc. "Figure enim cantus choralis sunt octo." Expl. ". . . prout accipit figuras geometricas loco sonorum tanquam eorundem signa. Proportiones secundum Johannem Otteby Magistrum in Musica expliciunt feliciter 26 die martii Anno domini 1500. Scriptus per me dominum Willelmum Chelle Musice bachalaurium 19 die Julii Anno domini 1526."

f.31-31v Abbreviatio secundi principalis, cap. II-V, Simoni Tunstede attributi. Inc. "Moyses dixit repertorem huius artis musice fuisse Tubal." Expl. ". . . secundi sunt acute. Cetere vero sunt superacute." (CS IV, 206-208).

f.32-32v Annotationes de proportionibus et coloribus. Inc. "Secundum figuras et secundum exigentiam figurarum connumerantur proportiones." Expl. "Figure sunt iste 8: ⊙, O, ©, C, ⏀̇, ¢, ©, ©."

f.32v De proportionibus semiditoni et ditoni. Inc. "Proportio semiditoni est proportio superquintipartiens 27as . . ." Expl. "veluti 81 ad 64."

f.33-37 Tractatus incompositus de intervallis proportionibusque. Inc. "Ditonus fit ex duobus tonis . . ." Expl. ". . . Tripla vero diapente ac diapason, Quadrupla autem bis diapason. Nota etiam quod quando Boetius loquitur de deductione, intelligit per eam locum ubi ista vox ut in monacordo potest reperiri."

f.37 Annotationes de proportionibus et coloribus. Inc. "Colors requisite to Musicall proportions ben thes: Blake, grene, yelow, blew, redde, sangwyne and purpull." Expl. "Voide black to void red: proportio sesquitertia."

f.37v "Triangulare Proportionum." Figura cum numeris sed sine notis.

f.38-43 Tractatus anonymus de proportionibus. Inc. "Omnis proportio aut est communiter dicta aut proprie dicta." Expl. (incompletus) "Et scias quod quanta est una quantitas ad aliam, tanta est una proportio ad aliam, ut manifestum est. Hec de proportionibus sufficiunt. Scriptum per Guilhelmum Chelle, in Musica bacalaurium Anno domini 1526. Cuius anime propitietur deus. Amen."

f.43v-48	Vacant.
f.48v	De pedibus metricis et notis musicalibus comparatio. Inc. "Dactilis ex . et ." Expl. "Dispondeus ex ."
f.49-69	Vacant.
f.69v, 70v, 72v	Non agunt de musica.

[1]*Regulae cantus mensurati secundum Johannem Otteby*

Capitulum 1
De figuris et eius proportionibus
$\mathbf{L}_1$ 62v, $\mathbf{L}_2$ 22v

[2]Figur*a*e enim cantus choralis sunt 8, sed proprie 5 dumtaxat, qu*a*e dicuntur partes prolationis, id est cantilen*a*e vel orationis, id est oris rationis, quia ab ore hominum pr*a*ecipue prolat*a*e sunt. [3]Et hee sunt, videlicet maxima, longa, brevis, semibrevis et minima; reliqu*a*e vero semiminima, croma et semicroma tali pacto:

Ex. 1

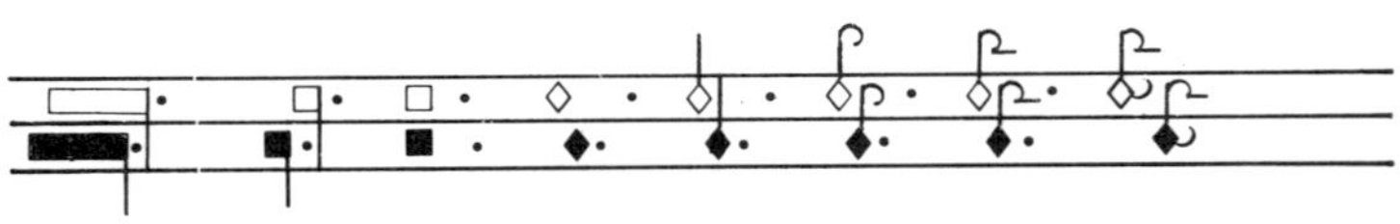

[4]Numeri loco quorum hee figur*a*e poni solent sunt tres, videlicet perfectus numerus, imperfectus numerus, et mixtus.

[5]Numerus vero perfectus est cuius radix est ternarius, ad quem *a*equaliter descendere potest per tres partes *a*equales, vel ipse ternarius omnium radix ad tres unitates descendere valet, et sunt hii, videlicet 3, 9, 27, 81, ac deinceps. [6]Nam 81 descendere potest utrimque *a*equaliter per tres partes, usque quo veniat ad eius radicem, id est ad tres simplissimas unitates. [7]Nam in primis dividitur inter viginti et septem pro qualibet parte, et 27 in quavis illarum partium in tres novenarios pro qualibet parte. [8]Deinde

1: 2 orationibus *pro* -nis $\mathbf{L}_1$/ /4 imperfectus, et mixtus $\mathbf{L}_1$/

quilibet novenarius dividitur in tres ternarios, et quilibet ternarius in tres unitates. [9]Et dicitur numerus perfectus non absolute sed ratione cuiusdam similitudinis, videlicet ut deus trinitate gaudet, vel quia tria sunt naturalium principia, videlicet materia, forma et compositio, vel huiusmodi.

[10]Numerus imperfectus est cuius radix est binarius, ad quem talis numerus potest descendere *a*equaliter per duas partes *a*equales usque ad duas simplissimas unitates, et sunt hii, videlicet 2, 4, 8, 16, ac deinceps. [11]Nam 16 potest descendere *a*equaliter per duos octonarios, et quilibet octonarius *a*equaliter per duos quaternarios, et quaternarius per duos binarios, et quilibet binarius per duas simplissimas unitates.

[12]Mixtus autem numerus est qui duplicem habet radicem, videlicet binarium et ternarium simul; potest igitur descendere ad alterum ipsorum ut oportuerit, et sunt hii: 6, 12, 18, 24, ac deinceps. [13]Nam 24 potest descendere multis modis, primo per duos duodenarios *a*equaliter, et quilibet duodenarius per duos senarios, et quilibet senarius per duos ternarios, et quilibet ternarius per tres unitates. [14]Vel potest descendere numerus 24 per tres octonarios, ac deinceps; vel potest descendere per quatuor senarios, ac deinceps.

[15]Decem et octo numerus potest descendere per duos novenarios, ac deinceps. [16]Potest etiam descendere per tres senarios, ac deinceps. [17]Duodenarius autem potest descendere per duos senarios, et quilibet senarius per duos ternarios, et quilibet ternarius per tres unitates. [18]Et tunc dicitur duodenarius perfectus, cum eius radix perfecta sit. [19]Potest etiam descendere duodenarius per duos senarios, et quilibet senarius per tres binarios, et quilibet binarius per duas unitates. [20]Et tunc dicitur duodenarius numerus imperfectus, cum eius radix imperfecta sit. [21]Senarius denique duobus modis descendere potest ac deinceps, et si eius radix fuerit ternarius, dicetur senarius perfectus. [22]Si vero eius radix fuerit binarius, dicetur senarius imperfectus.

/11 *Post* unitates *invenitur nomen scriptoris* J. Tucke L_1/ / 20 dicitur *om.* L_2 /

[23]Maxima igitur aliquando ponitur pro numero perfecto, et aliquando pro numero imperfecto, et quandoque pro numero mixto. [24]Quando vero maxima ponitur pro numero perfecto, tunc dicitur dividi et habere tres longas, et qu*a*elibet longa tres breves, et qu*a*elibet brevis tres semibreves, et qu*a*elibet semibrevis tres minimas. [25]Ergo maxima dividitur sive habet tres longas, 9 breves, 27 semibreves, et 81 minimas. [26]Ergo inter longas et maximas, et inter breves et longas, et inter semibreves et breves, ac inter minimas et semibreves est proportio tripla. [27]Sed inter breves et maximas est proportio noccupla, et inter semibreves vero et maximas est proportio vigecupla septupla, sed inter minimas et maximas est proportio octodecupla simpla.

Capitulum 2
De signis et eius proportionibus

L_1 66, **L_2** 25

[1]Quorum numerorum et proportionum ac figurarum hii circuli cum punctis in medio sunt signa ante principium cantilenarum ponenda: *Ex. 2* ◎. [2]Sed si maxima et longa fortuitu in cantilena non ponerentur, tunc circulus parvus cum puncto per se positus sufficeret. [3]Quia semper significat brevem perfectam, et punctus semibrevem similiter perfectam hac via: ʘ. [4]Et apud aliquos h*a*ec sunt signa supradictorum numerorum: ʘ33, vel sic dum maxima non haberetur in cantilena: ʘ3.

[5]Ponitur etiam maxima pro numero imperfecto, et tunc dividitur maxima vel habet duas longas, et qu*a*elibet longa duas breves, et qu*a*elibet brevis duas semibreves, et qu*a*elibet semibrevis duas minimas. [6]Et sic inter longas et maximas est proportio

2: 2 fortuitu non **L_1**/ /in *om.* **L_1**/ /5 longa *om.* **L_1**/ /6 tunc *pro* sic **L_2**/ /breves, ac inter **L_2**/

dupla, et ita inter breves et longas, et inter semibreves et breves, et inter minimas et semibreves. [7]Sed inter breves et maximas quadrupla est, et inter semibreves et maximas est octupla, sed inter minimas et maximas est sesdecupla. [8]Quorum numerorum et proportionum ac notarum h*a*ec sunt signa:

Ex. 3 , vel sic: C22.

[9]Ponitur etiam maxima pro numero mixto cuius radix est perfecta, similiter pro numero mixto cuius radix est imperfecta, ex quibus numeris mixtis generantur mensur*a*e quatuordecim. [10]Quorum numerorum et proportionum ac figurarum h*a*ec sunt signa: *Ex. 4* ; vel sic: C23, C32, C33, ϾC22, ϾC23, ϾC32, ϾC33, O22, O23, O32, O33, ⊙22, ⊙23, ⊙32. [11]Pr*a*eterea comparando numerum perfectum numero imperfecto generantur tres proportiones citra 10, videlicet sesquialtera, subsesquitertia et sesquioctava; [12]et comparando imperfectum numerum numero perfecto nascuntur ali*a*e tres proportiones primis tribus opposit*a*e, videlicet subsesquialtera, sesquitertia et subsesquioctava. [13]Quarum proportionum signa h*a*ec sunt:

Ex. 5 .

[14]Sed novem tamen ad quatuor est proportio dupla sesquiquarta, quamvis perfectus et imperfectus comparantur ad invicem, et propriis numeris designari debet. [15]Et citra 30 tantum habetur superundecupartiens decimas sextas, qu*a*e quidem proportio propriis numeris a quibus denominantur signari potest, ac deinceps, etsi 27 sit numerus perfectus et 16 imperfectus, ac deinceps tam de numeris ordinariis quam de extraordinariis. [16]Sunt vero extraordinarii qui ad radicem *a*equaliter descendere non possunt, ut 5, 7, 11 et huiusmodi. [17]Et iam per colores diversos proportiones designari solent, sed ineptissime quidem cum musica poten-

Ex. 4: (·C *pro* (·C) *ms*/ /10 ac figurarum *om.* L_2/ /11 et *om.* L_2/ /12 *om.* L_2/

tissima sine hiis esse valeat, cum de numeris ad *ph*thongos applicatis tractet qui phthongorum atque simphoniarum sunt form*a*e: colores vero pictoribus tinctoribus quoque magis pertinere solent.

Capitulum 3
De gradibus mensurarum

L_1 68v, **L_2** 26v

[1]Gradus enim quatuor mensurarum sunt tres, videlicet perfectus maior a maxima, a longa et a breve; imperfectus minor a maxima, a longa et a breve; perfectus minor a maxima, a longa et a breve; imperfectus maior a maxima, a longa et a breve. [2]Hoc vocabulum maior significat radicem esse perfectam, et minor imperfectam. [3]Similiter perfectus significat radicem perfectam, et imperfectus significat radicem imperfectam. [4]Unde quando dicitur perfectus maior a maxima, perfectus significat maximam perfectam et maior significat longam perfectam, ac deinceps. [5]Et quando dicitur imperfectus minor a maxima, imperfectus significat maximam imperfectam et minor significat longam imperfectam, ac deinceps ut h*a*ec ostendunt exempla.

Ex. 6

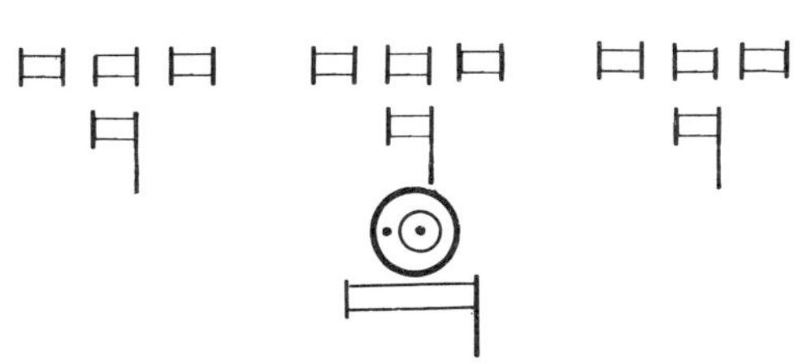

Perfectus maior a maxima

Ex. 7

Perfectus maior a longa

Ex. 8

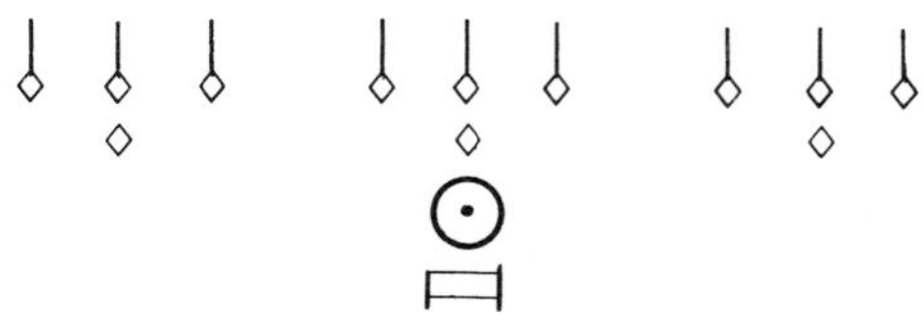

Perfectus maior a breve

Ex. 9

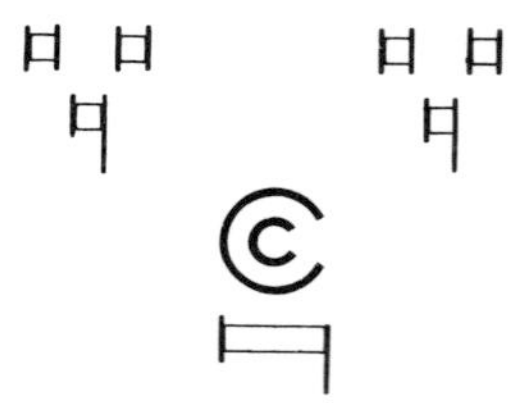

Imperfectus minor a maxima

Ex. 10

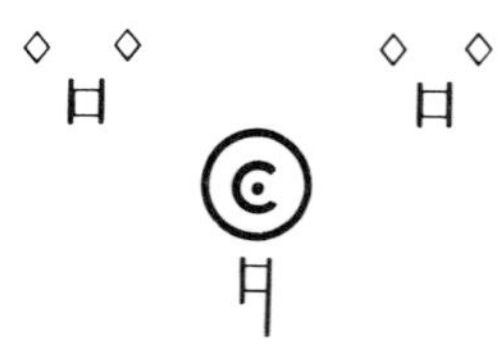

Imperfectus minor a longa

Ex. 11

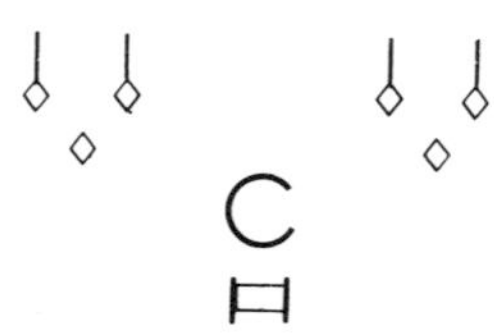

Imperfectus minor a breve

Ex. 12

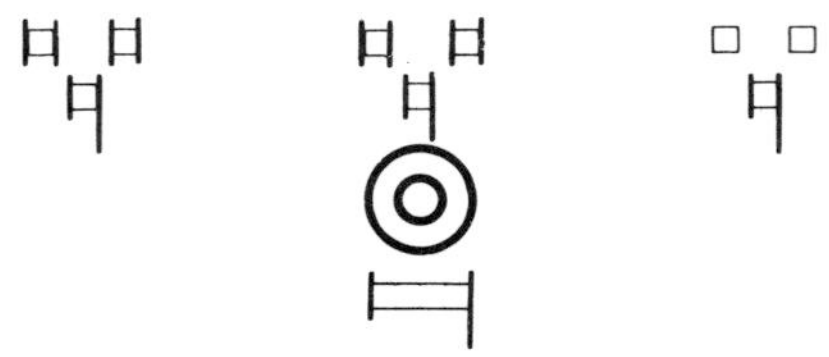

Perfectus minor a maxima

Ex. 13

Perfectus minor a longa

Ex. 14

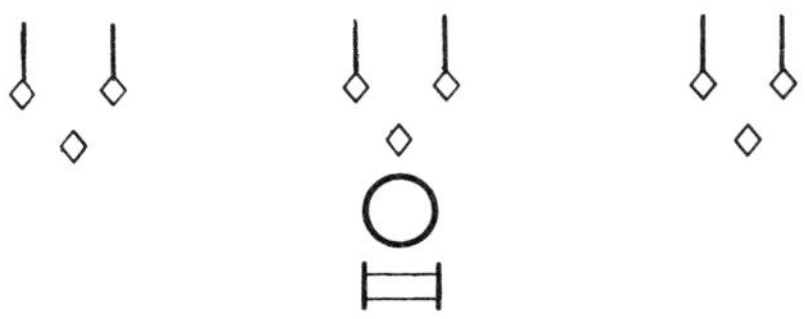

Perfectus minor a breve

Ex. 15

Imperfectus maior a maxima

Ex. 16

Imperfectus maior a longa

Ex. 17

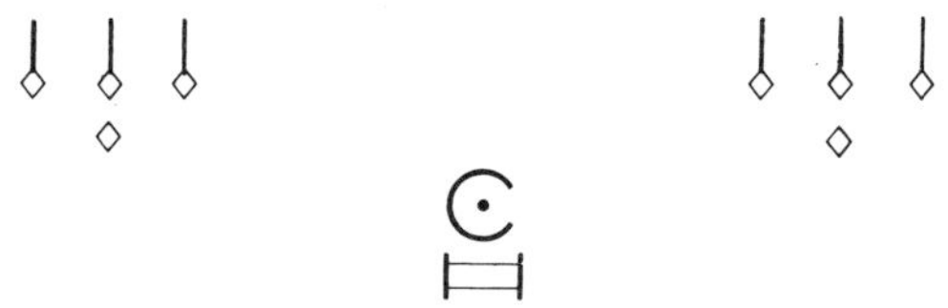

Imperfectus maior a breve

Capitulum 4
De modo, tempore et prolatione

$\mathbf{L_1}$ 71v, **$\mathbf{L_2}$** 29

[1]Determinationes mensurarum similiter sunt tres, videlicet modus, tempus et prolatio. [2]Modus vero dicitur de maxima et de longa, ultra quas nemo communiter vocem sub uno spiritu ac tenore retinere potest. [3]Et ideo datur sibi modus de longa, si maximam quis proferre non valeat, id est vocem per ipsam significatam. [4]Sed tempus datur brevi, quia a modo temperatur et ab ipso modus mensuratur. [5]Prolatio vero datur semibrevi, quia procul a modo suas minimas profert, id est portat, per quas ipsa dividitur, nam ultra minimas prisci nichil proferri voluerunt vel nequiverunt, dicentes non fore prolationem, id est claram expressionem, sed potius indiscretam confusionem. [6]Et ideo semibrevis partes minimas appellavere per gradum superlativum, dicentes ultra minimum minus dare poterit nemo; et ideo constituerunt semibrevem accipere pro momento digiti et oculi atque mentis sicut vox qu*a*e significatur per cantum legalem.

[7]Est autem duplex modus, videlicet perfectus et imperfectus. [8]Perfectus vero quando maxima valet tres longas, vel quando longa valet tres breves. [9]Modus vero imperfectus dicitur quando maxima ex propria natura valet duas longas, vel longa duas breves. [10]Tempus etiam est duplex, videlicet perfectum et imper-

4: 1 sunt *om.* **$\mathbf{L_1}$**/ /5 brevi *pro* modo **$\mathbf{L_2}$**/ /prolatione *pro* -nem **$\mathbf{L_1}$**/

fectum. [11]Perfectum quidem quando brevis ex propria natura valet tres semibreves. [12]Imperfectum vero quando valet duas. [13]Similiter duplex est prolatio, videlicet maior et minor. [14]Major vero quando semibrevis ex propria natura valet tres minimas. [15]Sed minor prolatio dicitur quando valet duas.

Capitulum 5
De maxima

L_1 73, **L_2** 30

[1]Notandum est quod maxima dicitur una dupliciter. [2]Primo ratione quantitatis continu*a*e, et sic maxima dicitur totum et proprie maxima. [3]Secundo dicitur una ratione quantitatis discre-t*a*e, et sic proprie etiam dicitur una cum sit minima in numeris. [4]Nam id quod maximum est in quantitate continua est minimum in quantitate discreta, cum per eius divisionem nascatur quantitas discreta, id est numerus, et cum partes eius diminuuntur tendentes ad minimum, numerus crescit tendens ad maximum. [5]Et sicut unum dicitur maximum vel totum in quantitate continua, ita multitudo dicitur ipsum totum in quantitate discreta, id est in numeris. [6]De qua multitudine ad sonum applicata proprie considerat musicus, de magnitudine vero proprie geometer, et musicus per accidens, prout accipit figuras geometricas loco sonorum tanquam eorundem signa.

[7]PROPORTIONES SECUNDUM IOANNEM OTTEBY MAGISTRUM IN MUSICA EXPLICIUNT FELICITER VICESIMO SEXTO DIE MARTII 1500.

/13 est *om.*. **L_1** /

5: 4 per partes **L_1**, **L_2** / /7 ANNO DOMINI 1500 **L_2** / /*Post* 1500 *sequitur* Scriptum per me dominum Joannem tucke in artibus bacchalaurium necnon huius artis non inexpertum **L_1**, Scriptus per me dominum Willelmum Chelle Musice bachalaurium 19 die Julii Anno domini 1526 **L_2** /

4.

DEL CANTO AFIGURATO
(Rome ms)

THE MANUSCRIPT

Rome, Biblioteca Vallicelliana, O 29 **R**
(Description in CSM 26, 73)

[1]*Del canto afigurato*
R 15-16v

[2]Notta che nel canto afigurato sono octo figure de note: cioè maxima, longa, breve, semibreve, minima, semiminima, croma et semicroma. [3]La maxima vale octo tempi, la longa val' quatro tempi, la breve val' dui tempi, la semibreve val' un tempo, la minima vale mezo tempo, la semiminima vale un quarto di tempo, la croma vale uno octavo di tempo, la semicroma vale uno sextodecimo di tempo. [4]Et acciò vedendole li possi cognoscere, questa è la figura di ciascaduna.

Ex. 1 Maxima, longa, breve, semibreve, minima, semiminima, croma, semicroma

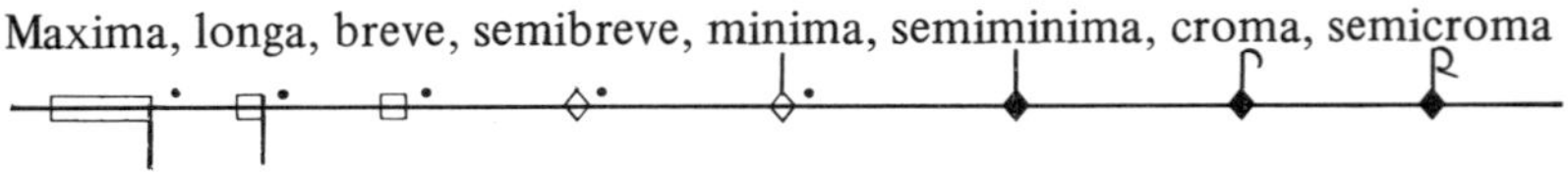

[5]Nota che quando è uno puncto apresso ala maxima, il dicto puncto vale quatro tempi; et il puncto apresso ala longa vale dui tempi, et il puncto apresso ala breve vale uno tempo, et il puncto apresso ala semibreve vale mezo tempo, et il puncto apresso ala minima vale un quarto di tempo. [6]Li puncti si segnano a questo modo come vedi qui disopra signatto.

[7]Et nota che nel canto sono certi signi quali si chi*a*mano pause. [8]Et sono sette sorte de pause; cioè pausa de maxima la quale vale octo tempi, pausa de longa la quale vale quatro tempi, pausa de breve la quale vale un tempo, pausa de semibreve la quale vale mezo tempo, pausa de minima la quale vale un quarto di tempo, pausa de semiminima la quale vale uno octavo di tempo, et pausa de croma la quale vale uno sextodecimo di tempo. [9]Et acciò li possi cognoscere, sono queste qui signate disotto.

Ex. 2

Pausa
de maxima, de longa, de bre*v*e, de semibreve, de minima, de semiminima, de croma

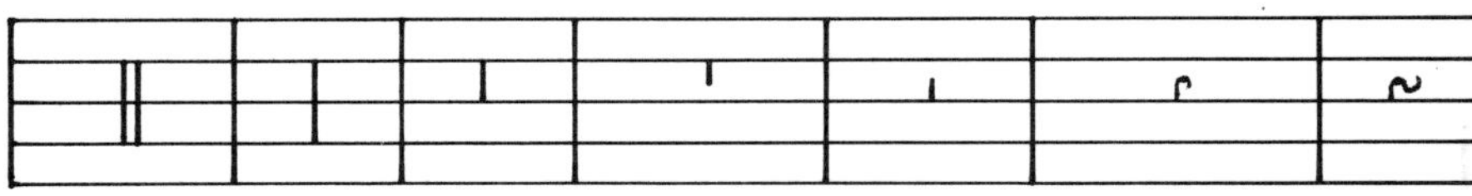

[10]Nota che le voci de la musica sono sei: cioè ut re mi fa sol la. [11]Et cusì sono ordinate per ascendere perchè ut è disotto da tutte li altre note. [12]Et disopra ut sta re, et disopra da re sta mi, et disopra da mi sta fa, et disopra da fa sta sol, et disopra da sol sta la. [13]Et descendendo sono ordinate che la è disopra da tutte: et disoto da la sta sol, et disoto da sol sta fa, et disoto da fa sta mi, et disoto da mi sta re, et disoto da re sta ut. [14]Et poche possi melio comprehendere, te ho fato lo exempio qui disoto.

Ex. 3

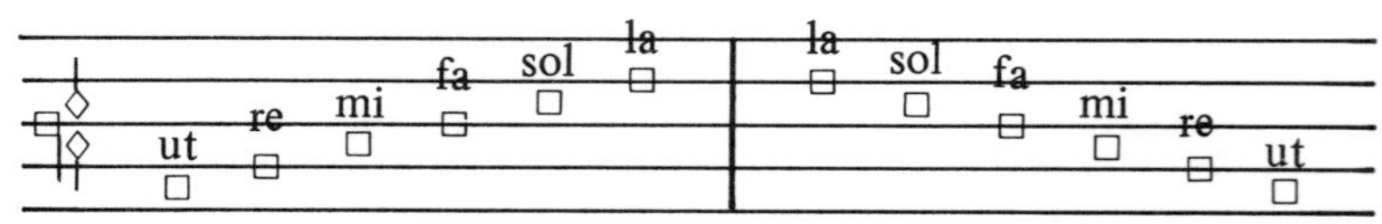

[15]Et nota che di queste sei voci, tre stano per ascendere et tre stano per descendere; le voci che stano per ascendere sono queste: cioè ut re mi, le voci che stano per descendere sono queste: cioè fa sol la.

[16]Nota che quando tu voi cantare uno canto, bisogna prima che consideri la chiave dil canto, perchè sempre si segna la chiave inançi che si comenci ale note; perchè come hai considerato la chiave, tu vedi in che grado de la man' comincia il canto. [17]Et se il canto ascende, tu canti la nota che è in quel grado che sta per ascendere; et se il canto descende, tu canti la nota che sta per descendere. [18]Ma nota che, s'il canto è per ♮ quadro, tu pigli la nota che se canta per ♮ quadro; et.se il canto è per b molle, tu pigli la nota che è per b molle. [19]Et anco notta che sempre apresso

[12]ut ffa *pro* ut sta *ms/* /[18]che è per b molle. Et poi tu deve considerare s'il canto è per ♮ quadro, overo se è per b molle. Et se il canto è per ♮ quadro, cantano per ♮ quadro; et se è per b molle, cantare le motte che servono al b molle *ms/*

ale chiave se segnano certi segni quali si chiamano prolatione, le quali te insegnano chome devi proferire il canto, cioè sapere la valuta de le note. [20]Et nota che dite prolatione sono quatro, cioè mazore perfecto, mazore imperfecto, minor perfecto, minore imperfecto. [21]Et acciò li possi cognossere, te do lo exemprio.

Ex. 4

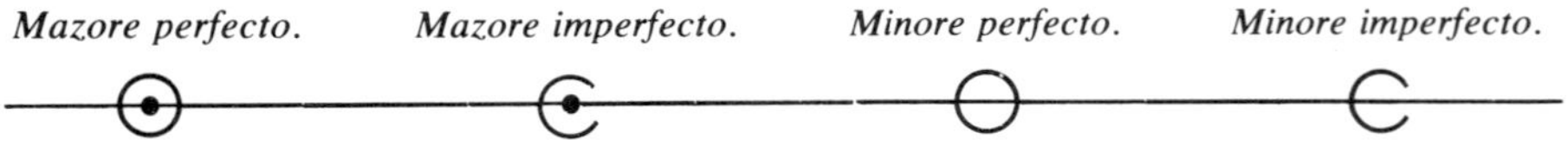

[22]Nota che nel signo de mazore perfecto: la maxima val' tre longe, la longa val' tre breve, la breve val' tre semibreve, la semibreve val' tre minime. [23]De mazore imperfecto: la maxima val' due longe, la longa val' due breve, la breve val' due semibreve, la semibreve val' tre minime. [24]De minore perfecto: la maxima val' due longe, la longa val' due breve, la breve *val'* tre semibreve, la semibreve val' due minime. [25]De minore imperfecto: la maxima val' due longe, la longa val' due breve, la breve val' due semibreve, la semibreve val' due minime. [26]Lo exempio è questo.

Ex. 5

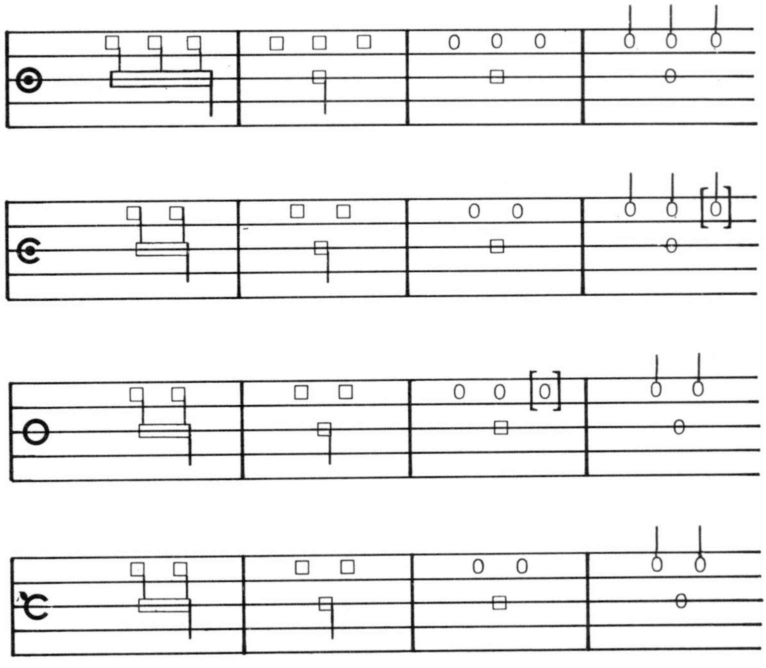

[27]Nota che la maxima val' due longe, quatro breve, octo semibreve, sedexe minime, trentadue semiminime, sestaquatro crome, cento *vento*cto semicrome. [28]La longa val' due breve, quatro semibreve, octo minime, sedexe semiminime, trentadue crome, sesantaquatro semicrome. [29]La breve val' due semibreve, quatro minime, octo seminime, sedexe crome, trentadue semicrome. [30]La semibreve val' due minime, quatro semiminime, octo crome, sedexe semicrome. [31]La minima val' due semiminime, quatro crome, octo semicrome. [32]La semiminima val' due crome, quatro semicrome. [33]La croma val' due semicrome, come vedi in lo infrascripto exemplo.

Ex. 6

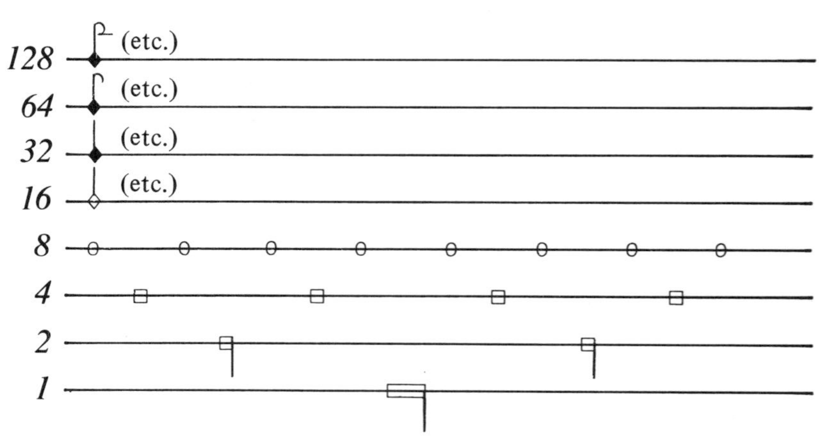

/23, 24 due *pro* tre *ms*/ /25 minime *pro* longe *ms*/

THOMAS WALSINGHAM

REGULAE DE MUSICA MENSURABILI

INTRODUCTION

The musical theorist Thomas Walsingham, whose treatise appears in John Wylde's manuscript (London, British Library, Lansdowne 763), is doubtless the same man as the chronicler and precentor of St. Albans Abbey who died c. 1422. According to the main source for his biography[1], he was "scriptorarius" or superintendent of the copying-room at the abbey, where he remained for most of his working life, with the exception of the years 1394-1409 when he was prior of Wymondham near Norwich. His historical works are substantial and include (1) a lost *Chronicon majora* (up to the year 1388), (2) a *Chronicon Angliae* (1328-1388)[2], (3) *Gesta abbatum monasterii Sancti Albani* (1304-1394), a history of the abbots of St. Albans[3], (4) a chronicle in the ms London, British Library, Royal 13.E.IX (compiled in or after 1394), (5) a *Historia Anglicana*[4] based on the preceding chronicle and (6) *Ypodigma Neustriae*[5], supposedly a history of the dukes of Normandy but really concerned with Henry V's campaign in France.

Walsingham's compact treatise on mensural practice around 1400 is a substantial contribution to our knowledge of late mediaeval English music theory. The 17 chapters into which I have divided the work, some of them rubricated by the copyist John Wylde himself, can be summarised as follows:

1. Noteforms from *larga* to *crocheta*.
2. Ligatures and their meanings.
3. Perfect and imperfect note-values from *longissima* to *crocheta* in general.

4-6. The same in detail.

7. Rests.

8-12. *Cantus perfectus* and *inperfectus* and their subdivisions into combinations of perfect and imperfect time with perfect or imperfect prolation.

13. The 8 possible combinations.
14. Modes can be reduced to 3, or a minimum of 2.
15. Perfection, division, and their combination.
16. Colored notation.
17. Concerning the third mode.

Although there is clear evidence of the influence of Johannes de Muris on Walsingham's treatise, his terminology has perhaps most in common with the anonymous English theorist whose treatise is published in CSM 12 as *Tractatus de figuris sive de notis*[6]. The anonymous, however, deals only incidentally with the larger note-values, reserving most of his comments for the minim, semibreve and breve. Even so, the two theorists use the same names for the larger and smaller values: *longissima* for the largest notes, *longior* for the note-value between the *longissima* and the long, and *brevior* and *brevissima* for semibreve and minim respectively. Most of these terms had been used by Johannes de Muris[7], except for *inperficiens* which turns out to be just another word for *perfecta*. Nevertheles, it seems to have been an English foible to treat the larger note-values in particular detail.

In this respect, it is worth referring to the *Breviarium regulare musicae*, apparently by one Willelmus, also published in CSM 12. Here the noteforms extend from *largissima* to *crocheta*, the latter mentioned as new by Walsingham. The *largissima* is the same as Walsingham's *longissima*, though its shape differs, resembling in fact a form used by Hanboys, for there is an ascending as well as a descending tail on the right[8]. The *larga* is Walsingham's *longior* (and de Muris'), but here the resemblances end, for Willelmus does not follow the terminology *brevior, brevissima* of Muris and the anonymous. Willelmus, however, clearly imitating Johannes Torkesey[9], provides an illuminating diagram in triangular form of all the noteforms and their values in minims[10]. Hanboys, who also goes into some detail with regard to the larger note-values, divides them into *larga, duplex longa* and *longa*[11].

Considering the variety of terminology and usage, it is hardly surprising to find some variation even *within* Walsingham's treatise. In chapter 1 he mentions only 5 specific noteforms: large, long, breve, semibreve and minim (plus, somewhat grudgingly, the new *crocheta*). In chapter 3, however, the Johannes de Muris terminology is preferred, involving a *longissima* not even mentioned in chapter 1. Moreover, the term large is retained only as a secondary term for *longior*. The copyist was in any case not too clear about things, for he used the same *longissima* noteform for the perfect large, alias *inperficiens longior*.

A comparison with Johannes de Muris' *Notitia artis musicae*[12] suggests that Walsingham's *longissima* is twice or three times the size of Muris', so that Walsingham's *inperficiens longior* really corresponds to Muris' *longissima* of 81 minims' value. The Muris compilation of Petrus de Sancto Dionysio, however, also has a table very much like that of Walsingham, as well as the *Notitia* arrangement[13], even if the terminology again varies slightly. Thus, the *semilongissima* and *semilongior* of Petrus have respectively the names *inperficiens longissima* and *inperfecta longior* in Walsingham (though he does mention the term *semilongior* as well). Petrus, however, attributes the more expansive table to one Phillipotus, not to Walsingham. However, it is interesting to see an ascription in one version of this treatise once again to an Englishman, Fr. G. de Anglia, 1391[14], presumably the copyist.

Another factor bringing the Walsingham treatise close to that of Petrus de Sancto Dionysio[15] is the discussion of rests in chapter 7, in spite of the discrepancy between the notated example and the text in the manuscript. The text suggests a Franconian interpretation of 2/3 and 1/3 of a space for a perfect semibreve and a minim rest respectively, while the musical example shows the typical 14th century forms of a stroke descending half a space from the stave line, followed by a similar stroke ascending. Contrarily, the text suggests a normal breve rest of a stroke between two stave lines, while the musical example shows the popular

English form of a vertical stroke protruding half a space above and half a space below a stave line.

The vagueness of the copyist, or perhaps even of the author of our treatise, is shown in chapter 15 on perfection and division. Presumably Walsingham was thinking of a passage like that in an anonymous commentary on Johannes de Muris' discussion in the *Libellus cantus mensurabilis*[16], where the author discusses a dot which can signify division and perfection at one and the same time. In his example, which is given at three notational levels (*tempus, modus* and *maximodus*), the anonymous commentator is considering binary values, however, e.g. imperfect prolation in perfect time. Thus, a dot following a breve-semibreve group divides off a 3/4 measure for a start, but it can also give the semibreve the value of three rather than two minims when itself followed by a minim, producing perfection as well. Walsingham, on the other hand, as in *Ex. 93,* is thinking in ternary values. He seems to see the combined use of perfection and division where a dot perfects the note preceding and also serves to set off the succeeding group by division, as in the case of an altered group, e.g. two breves, or a breve rest followed by a breve.

Further use of unfamiliar terminology occurs when Walsingham is describing the different combinations of time and prolation. The word *modus* is used instead of *tempus,* and *tempus* instead of prolation in chapters 8-12. This is simple enough, but, being a general word, *modus* is employed in a different sense in chapters 14-15 and 17. There it is akin to the 13th century rhythmic modes, but reduced to three. These consist of (a) different combinations of long and short notes, (b) the reverse, (c) various groupings into one larger kind of note *(ex omnibus aequalibus).* In each mode, therefore, an apparently free combination of notes turns out to fall into regular groups, e.g. long plus breve in mode 1. What is doubtless implied here is that modes 1 and 2 are forms of perfect *modus* in the old sense, while mode 3 is imperfect, as shown by the groupings of two imperfect long rests.

Shorter values, however, as indicated by *Ex. 92,* remain triple; hence there are still 3 minims to a semibreve.

1. I. S. Leadam, article "Walsingham, Thomas", *Dictionary of National Biography* 59 (1899), 242ff.

2. E. M. Thompson, ed., *Rerum Britannicarum Medii Aevi Scriptores (Rolls Series)*(London, 1874). [Series 64].

3. H. T. Riley, ed., *Rerum Britannicarum* . . . (London, 1867-69). 3 vols. [Series 28].

4. *Ibid* (London, 1863). 2 vols. [Series 28].

5. *Ibid* (London, 1876). [Series 28].

6. Also in CS I, 369-377, as Anon. VI.

7. Cf. CSM 17, 79 (Johannes de Muris, *Notitia artis musicae,* American Institute of Musicology, 1972). Also in GS III, 295.

8. Cf. CSM 12, 26 (Willelmus, *Breviarium regulare musicae,* etc., American Institute of Musicology, 1966). For Hanboys, cf. CS I, 405.

9. Cf. CSM 12, 61 (Johannes Torkesey, *Declaratio trianguli et scuti).*

10. CSM 12, 28.

11. CS I, 405.

12. CSM 17, 79 (also cf. Anon. VI of CS III, 400).

13. Cf. CSM 17, 154 (Petrus de Sancto Dionysio, *Tractatus de Musica).* Anon. VI of CS III is a part of this treatise, and the two tables appear on pp. 400-401.

14. CSM 17, 159; CS III, 403.

15. Cf. CSM 17, 158.

16. Printed by J. Wolf, *Geschichte der Mensural-Notation 1250-1460* I (Leipzig, 1904), 106f.

THE MANUSCRIPT

London, British Library, Lansdowne 763 **L**
(Description in CSM 28, 16-24; also in CSM 4, 31-33)

[1]Regul*a*e Magistri Thom*a*e Walsingham de figuris compositis et non compositis, et de cantu perfecto et imperfecto, et de modis incipiunt.

Capitulum 1
De figuris non compositis

L 98v

[2]Cum sit necessarium iuvenilibus ad facultatem organicam tendentibus notitiam figurarum, scilicet notarum, possidere, ideo notandum quod qu*a*edam componantur et qu*a*edam non: hoc est, qu*a*edam ligantur et qu*a*edam non. [3]Primo dicendum est de illis extra ligaturas, deinde in ligaturis, deinde de cantu perfecto et imperfecto, deinde de modis. [4]De figuris extra ligaturas primo dicendum est quot sunt earum species. [5]Videndum est quod 5, scilicet larga, longa, brevis, semibrevis, minima. [6]Et nunc addita est species sexta qu*a*e crocheta vocatur, et ad nil deserviret si compositores utique circumspicerentur, quia ultra minimam non est ulterius de iure divisio facienda.

[7]Sequitur de largis et longis. [8]Omnis larga aut habet tractum descendens vel ascendens ex parte dextra longiorem, ut hic:

Ex. 1

[9]Et omnis larga plicata habet duas tractus descendentes vel ascendentes ex parte dextera longiorem, ut hic:

Ex. 2

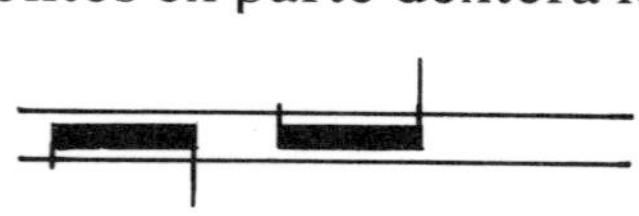

[10]Et notandum quod eisdem modis figurantur long*ae*, ut hic:

Ex. 3 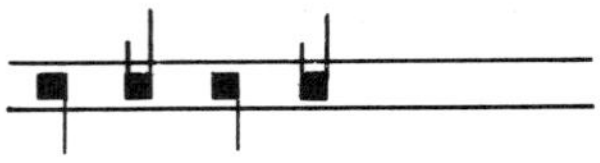

[11]Sequitur de brevibus. [12]Omnis brevis recta caret omni tractu vel habet tractum descendentem vel ascendentem ex parte sinistra, ut hic:

Ex. 4 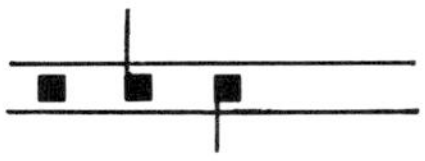

[13]Et omnis brevis plicata habet duas tractus ex parte sinistra longior, ut hic:

Ex. 5 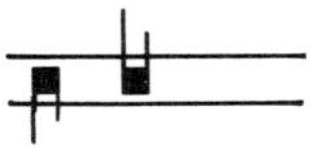

[14]Sequitur de semibrevibus. [15]Omnis semibrevis formatur ad modum grani ordei, ut hic:

Ex. 6 

[16]Sequitur de minima. [17]Eodem modo formatur minima in corpore, sed habet tractum ascendentem a capite, ut hic:

Ex. 7 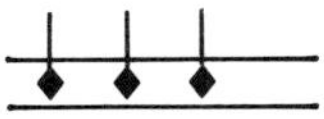

[18]Et eodem modo formantur crochet*ae*, sed habent hamos ut hic:

Ex. 8 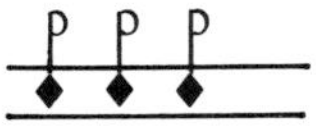

Capitulum 2
De figuris compositis
L 98v

[1]Sequitur de ligaturis. [2]Omnis nota recta, hoc est quadrata stans, in capite carens omni tractu, habens notam vel notas ex parte post descendentes, larga dicitur ut hic:

Ex. 9 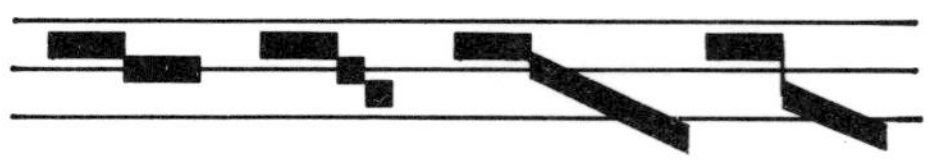

[3]Et sic tenet eadem regula de longis, ut hic:

Ex. 10 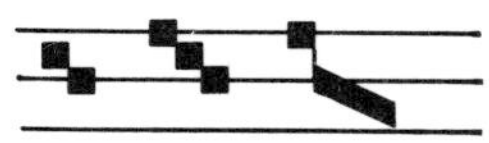

[4]Sequitur de largis et longis aliqualiter. [5]Omnis nota quadrata habens tractum ex parte dextera, et si habeat notam ex parte post ascendentem capite adverso, larga vel longa dicitur. [6]Larga ut hic: *Ex. 11* 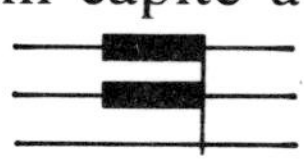 longa ut *hic: Ex. 12* 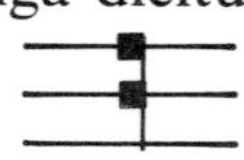

[7]Sequitur de longis aliis figuris ligatis. [8]Omnis nota quadrata descendens et in ultimo loco stans carens omni tractu, si ad minus habeat brevem pr*a*ecedentem, longa similiter dicitur, ut hic:

Ex. 13 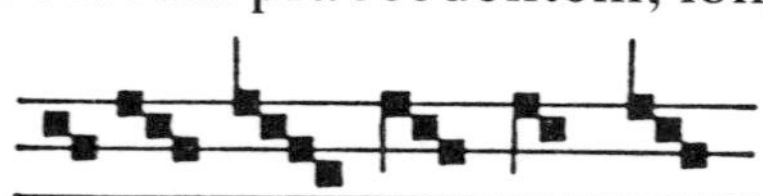

[9]Sequitur de brevibus longis interligatis. [10]Omnes not*a*e quadrat*a*e inter primam et ultimam breves dicuntur, ut hic:

Ex. 14 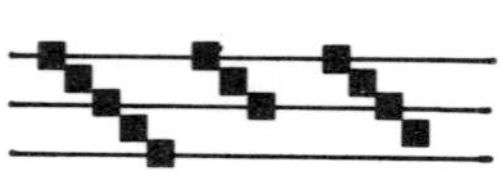

2:8 es *pro* stans *ms/*

[11]Et si prima habeat tractum descendentem ex parte sinistra, etiam brevis dicitur, ut hic:

Ex. 15 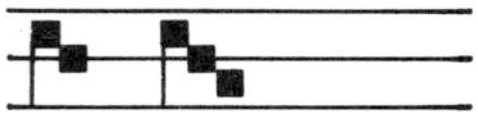

[12]Sed si habeat ascendentem ex parte sinistra, semibrevis dicitur; et natura semibrevis in ligaturis est trahere similiter proximam notam sequentem ad naturam suam propriam, tam figuram lon-g*a*e quam brevis, ut hic:

Ex. 16 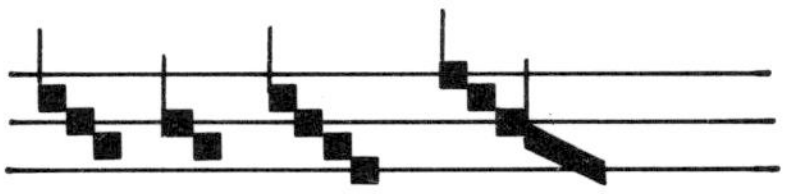

[13]Sequitur quod omnes not*a*e quadrat*a*e intermedi*a*e habentes tractus ascendentes sunt semibreves, ut hic:

Ex. 17 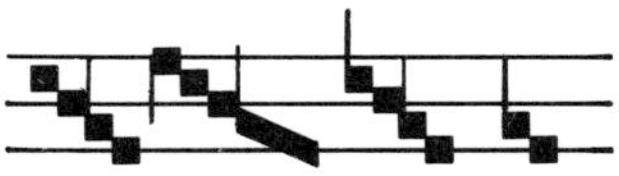

[14]Sequitur quod omnes not*a*e quadrat*a*e ascendentes, si careant tractibus, breves dicuntur, ut hic:

Ex. 18 

[15]Sed si habeant tractus ascendentes a parte sinistra, semibreves dicuntur, ut hic:

Ex. 19 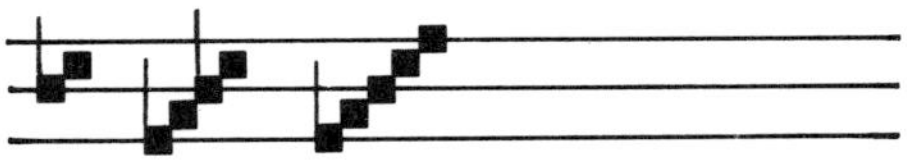

[16]Et si sint 3, 4, 5, 6, vel 7, qu*a*edam earum sunt semibreves, qu*a*edam breves. [17]Et nota quod tractus ascendens in ligaturis similiter facit semibreves; ideo si post notas duas cum tractu plures remaneant sine tractu, breves dicuntur, ut hic:

Ex. 20 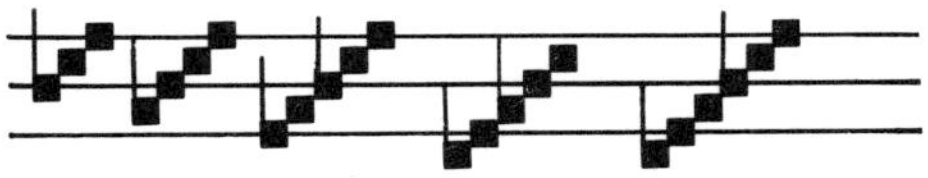

/Ex. 17: primum tractum ascendentem om. ms/ */Ex. 18: prima ligatura* cba *cum tractu ascendente in capite, secunda ligatura* dcba *cum tractu ascendente in capite ms/*

[18]Sequitur de rectis et obliquis intermixtis. [19]Nota quadrata stans, in capite carens omni tractu, habens duas notas obliquas descendentes ex parte post carens omni tractu, longa dicitur, et du*a*e obliqu*a*e sequentes sunt breves, ut hic:

Ex. 21 

[20]Sed si prima habeat tractum descendentem, omnes dicuntur breves:

Ex. 22 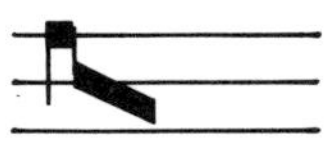

[21]Et si prima habeat tractum ascendentem, du*a*e prim*a*e sunt semibreves et ultima brevis, ut hic:

Ex. 23 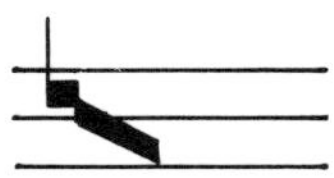

[22]Sed si prima careat tractu vel habeat tractum descendentem, et du*a*e ultim*a*e tractum ascendentem, ultim*a*e dicuntur semibreves, ut hic:

Ex. 24 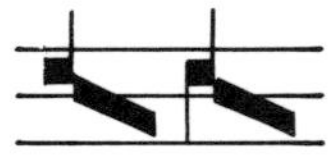

[23]Sequitur: du*a*e not*a*e stantes obliquo modo carentes tractu in capite, prima dicitur longa, secunda brevis, ut hic:

Ex. 25 

[24]Set si prima habeat tractum descendentem et secunda caret tractu vel habet tractum, amb*a*e sunt breves, ut hic:

Ex. 26 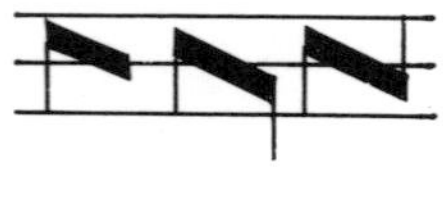

/Ex. 24: tractum ascendentem secundae ligaturae om. ms/

[25]Et si prima habeat tractum *ascendentem* et secunda caret tractu vel habet tractum ascendentem, semibreves sunt, ut hic:

Ex. 27 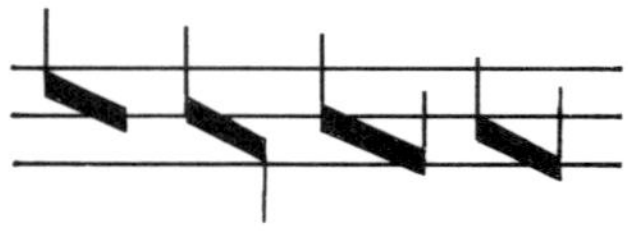

[26]Sequitur de obliquis ascendentibus. [27]Si du*a*e ascendunt et prima nota habeat tractum descendentem vel careat tractu, dicuntur breves, ut hic:

Ex. 28 

[28]Et si prima nota habeat tractum ascendentem, dicuntur semibreves, ut hic:

Ex. 29 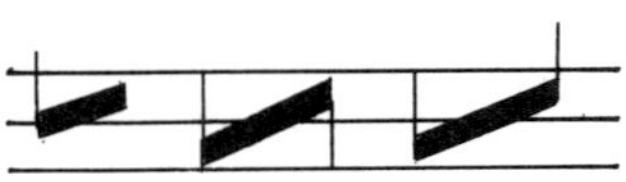

[29]Sequitur de ideo. [30]Nota sic quadrata habens tractum ascendentem, et du*a*e obliqu*a*e secuntur ascendentes vel descendentes, primae du*a*e semibreves et ultima brevis, ut hic:

Ex. 30 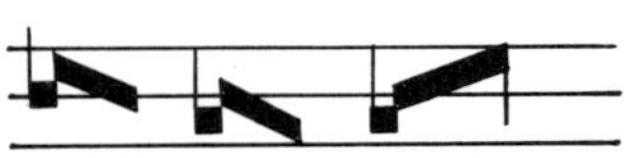

[30]Sequitur: omnes ill*a*e et tales sunt breves, ut hic:

Ex. 31 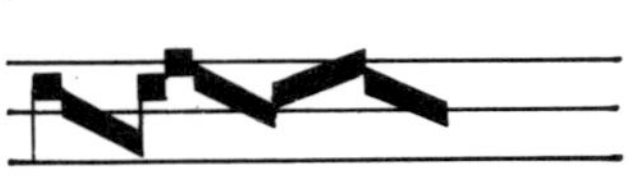

[31]Sequitur: quod qu*a*edam istarum sunt breves et qu*a*edam semibreves, ut pr*a*enotatur et ut patebit in multis exemplis ut hic:

Ex. 32 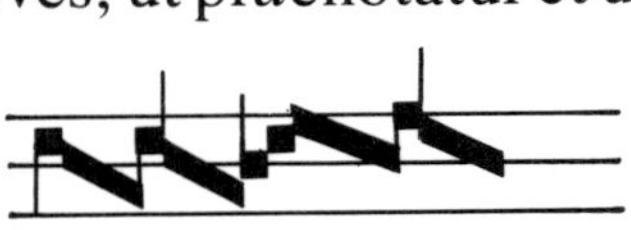

/Ex. 30: tertiam notam secundae ligaturae om. ms/

[32]Sequitur: quod quando du*ae* not*ae* stant obliquo modo, habentes tractum ascendentem cum una nota ex parte post quadrata capite adverso, est longa ut hic:

Ex. 33 

[33]Et si illa nota ex parte post stet quadrata cum capite non adverso, brevis dicitur, ut hic:

Ex. 34 

[34]Sequitur: quod quando semibreves habeas, et si ultima formatur ad modum long*ae*, quod prima est recta et secunda est altera, ut hic:

Ex. 35 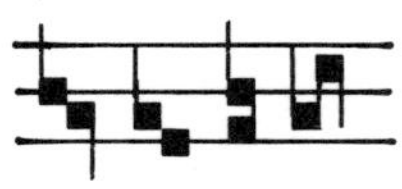

[35]Longa cum longa ligata ascendente patet hic:

Ex. 36 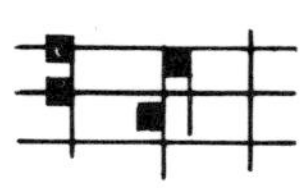

Capitulum 3

[1]De contentu longissimarum perfectarum et inperficientium, et longiorum inperficientium et perfectarum, et longarum inperficientium et inperfectarum, et brevium inperficientium et perfectarum, et semibrevium inperficientium et perfectarum, et sic de ceteris.

L f.99v

/*32 quadratam ms*/ /34 stans *pro* habeas *ms*/

[2]Perfecta longissima continet 9 longas perfectas, 27 breves perfectas, 81 semibreves perfectas et 243 minimas: *Ex. 37* [3]Inperficiens longissima continet 6 longas perfectas, *18* breves perfectas, *54* minores perfectas et 162 minimas: *Ex. 38* [4]Inperficiens longior et vocatur inperficiens quia inperficit longissimam, et potest dici perfecta longior eo quod est in se perfecta, quam aliqui vocant largam perfectam; continet 3 longas perfectas, 9 breves perfectas, 27 minores perfectas, 81 minimas: *Ex. 39* [5]Inperfecta longior sive semilongior, quam aliqui vocant largam inperfectam sive semilargam, continet 2 longas perfectas, 6 breves, 18 minores perfectas, 54 minimas: *Ex. 40* [6]Inperficiens longa et vocatur inperficiens quia inperficit longiorem sive largam, et dicitur longa perfecta; continet 3 breves perfectas, 9 minores perfectas, 27 minimas: *Ex. 41* [7]Inperfecta longa sive semilonga et dicitur semilonga a semis quod est inperfecta et longa, quasi inperfecta longa; continet 2 breves perfectas, 6 minores perfectas, 18 minimas: *Ex. 42*

[8]Inperficiens brevis et dicitur inperficiens quia inperficit longam, et dicitur brevis perfecta; continet 3 minores perfectas, 9 minimas: *Ex. 43* [9]Inperfecta brevis sive semibrevis et dicitur a semis quod est inperfecta et brevis; continet 2 minores, 6 minimas: *Ex. 44* [10]Inperficiens brevior sive perfecta brevior sive minor perfecta et dicitur inperficiens eo quod inperficit brevem; continet 3 *minimas: Ex. 45* [11]Inperfecta brevior sive semibrevior sive minor inperfecta continet 2 minimas: *Ex. 46* [12]Inperficiens brevissima sive minima perfectans unitatem et est indivisibilem; et dicitur inperficiens eo quod inperficit minorem qu*a*e dicitur minor perfecta: *Ex. 47* [13]Sed nunc addita est ulterius, id est ultra minimam, scilicet non per artem sed per placitum, qu*a*e dicitur crocheta, ut hic: *Ex. 48*

3: Ex. 39 ut Ex. 37 et 38 ms/   */Ex. 45: tres semibreves ms/*   */Ex. 46: duae semibreves ms/*   /12 minimam *ms/*

Capitulum 4

[1]De perfectione et inperfectione longarum

L 100

[2]Longa quidem in 3 dividitur species, scilicet in longam perfectam et in longam imperfectam et in duplicem longam sic formatam: *Ex. 49* [3]Longa vero perfecta valet tria tempora et fit 4 modis. [4]Primo modo fit longa perfecta quando longa sequitur longam, ut hic: *Ex. 50* [5]Secundo modo fit longa perfecta quando signum perfectionis sequitur longam, ut hic: *Ex. 51* [6]Tertio modo fit longa perfecta quando du*a*e breves secuntur longam, ut hic: *Ex. 52* [7]Quarto modo fit longa perfecta quando tres breves secuntur longam, ut hic: *Ex. 53*

[8]De longa inperfecta. [9]Longa vero inperfecta valet duo tempora et fit 5 modis. [10]Primo modo fit longa inperfecta quando sola brevis antecedit longam, ut hic: *Ex. 54* [11]Secundo modo fit longa inperfecta quando brevis sequitur longam, ut hic: *Ex. 55* [12]Tertio modo fit longa inperfecta quando 2 breves sunt inter duas longas, ut hic: *Ex. 56* [13]Quarto modo fit longa inperfecta quando tres breves sunt inter 2 longas, habentes signum divisionis inter primam brevem et duas sequentes, ut hic: *Ex. 57* [14]Quinto modo fit longa inperfecta quando plures breves quam 2 vel 3 secuntur longam, ut hic: *Ex. 58*

Capitulum 5

[1]De perfectione et inperfectione brevium

L 100v

[2]Brevis in duas dividitur species, scilicet in rectam brevem et alteram brevem. [3]Recta brevis valet unum tempus, et fit ubi-

cumque est sola brevis vel plures quam du*a*e, ut hic: *Ex. 59*  [4]Altera vero brevis valet duo tempora, et fit quando du*a*e breves sunt inter duas longas; et tunc prima dicitur recta et secunda altera, ut hic: *Ex. 60*  [5]Vel fit quando tres breves sunt inter duas longas, habentes signum divisionis inter primam brevem et duas sequentes, ut hic: *Ex. 61* 

Capitulum 6

[1]De perfectione et inperfectione semibrevium

L 100v

[2]Semibrevium alia minor, alia maior. [3]Minor valet tertiam partem unius temporis, maior vero valet duas partes unius temporis, ut hic: *Ex. 62*  [4]Et notandum quod idem iudicium est de brevibus et semibrevibus sicut de longis et brevibus. [5]Quia sicut pro longa perfecta possunt poni 3 breves quarum qu*a*elibet dicitur esse recta brevis, et valet qu*a*elibet unum tempus et sunt omnes *a*equales ut hic: *Ex. 63* ; ita pro recta brevi perfecta possunt poni 3 semibreves quarum qu*a*elibet dicitur minor semibrevis, et sunt omnes *a*equales ut hic: *Ex. 64*  [6]Et sicut pro longa perfecta possunt poni du*a*e breves quarum prima dicitur recta et secunda altera ut hic: *Ex. 65* , ita pro recta brevi perfecta possunt *poni* du*a*e semibreves quarum prima dicitur minor semibrevis et secunda maior semibrevis, et valet duas partes unius rect*a*e brevis perfect*a*e ut hic: *Ex. 66*  [7]Et idem iudicium datur nunc de minimis: *Ex. 67* 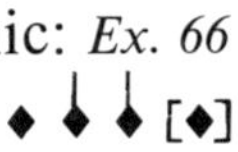

5: 4 duo *pro* due *ms/*

Capitulum 7

[1]Sequitur de pausis

L 101

Ex. 68

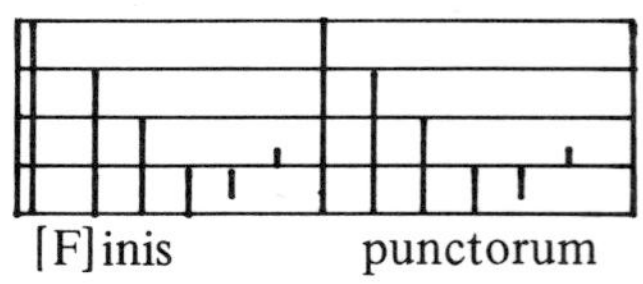

[2]Pausa long*ae* perfect*ae* occupat tria spatia et tangit quatuor lineas, id est regulas, ut supra etc. [3]Pausa long*ae* inperfect*ae* est cuius tractus occupat duo spatia et tangit tres regulas, ut supra. [4]Pausa brevis tam perfect*ae* quam inperfect*ae* occupat unum spatium et tangit duas regulas, ut supra. [5]Pausa semibrevis perfect*ae* occupat duas *tertias* partes, ut supra; pausa minim*ae* occupat tertiam partem unius spatii ascendendo, ut supra. [6]Finis punctorum omnia spatia occupat et regulas, ut supra.

Capitulum 8

[1]Sequitur de cantu perfecto

L 101

[2]Nota quod cantus perfectus dividitur dupliciter, scilicet in modo perfecto et in modo inperfecto. [3]Et primo sciendum est qu*ae* sunt eorum signa. [4]Signum cantus perfecti de modo perfecto est circulus cum punctu medio, ut hic: *Ex. 69* ⊙ [5]Et quare: quia circulus denotat modum, punctus vero temporis perfectionem.

/5 quartam *pro* tertiam *ms*/

7: Ex. 68: pausa brevis pro pausa longae imperfectae, pausa occupans duae media spatia et tangens unam regulam pro pausa brevis, pausa occupans medium spatium superiorem pro pausa semibrevis perfectae, et pausa occupans medium spatium inferiorem pro pausa minimae ms/

[6]Signum vero cantus qu*a*e est de tempore perfecto et de modo inperfecto est circulus sine punctu, ut hic: *Ex. 70*  [7]Primo dicendum est de modo perfecto. [8]Et nota quod littera sub notis exponit notas.

[9]Nota quod in cantu perfecto brevis ante brevem est perfecta. [10]Et quando brevis habet punctum a parte post, perficitur hoc modo, videlicet quando minores subsecuntur et nulla illarum pertinet ad brevem pr*a*ecedentem, ut infra.

Ex. 71 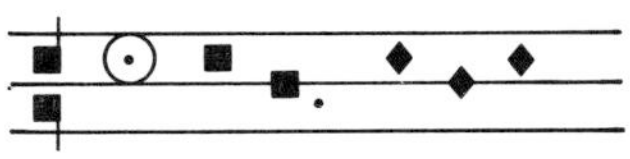

[11]Nota quod in cantu perfecto brevis est de tres semibrevibus. [12]Et quando minores species subsecuntur brevem, et brevis careat punctu, proxima semibrevis vel valor semibrevis et aliquando plures pertine*n*t ad brevem, ut infra patet.

Ex. 72 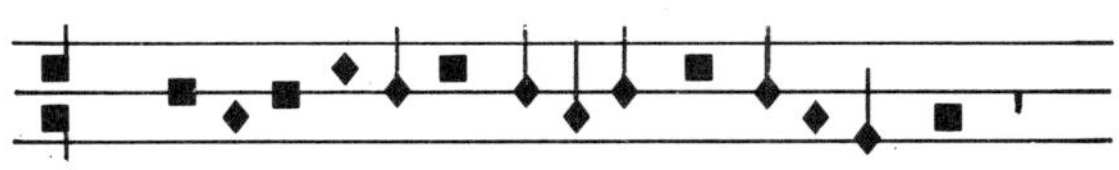

[13]Nota quod 9 minim*a*e constituunt brevem. [14]Et quando minima vel minim*a*e subsecuntur semibrevem vel semibreves carentes punctus, proxima minima pertinet ad semibrevem; sed si semibrevis *punctata* sit et minores species subsecuntur, semibrevis perficietur per punctum si sit perfectio, ut patet.

Ex. 73 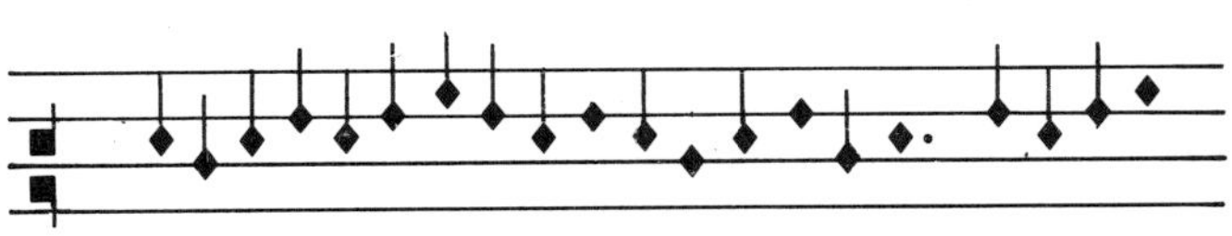

[15]Nota quod, sicut ex brevi perfecta tertia pars potest subsequi et aliquando plus, ita de longis in 3 semibreves probatur perfectio quando inveniantur in ligaturis sicut extra ligaturas, prout patet inferius.

Ex. 74 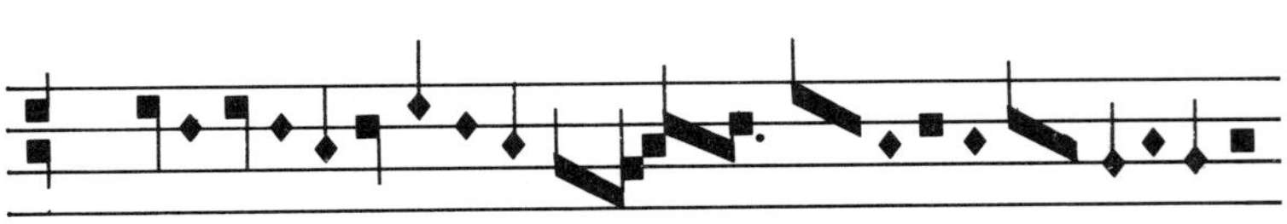

8: 10, 12 supra *pro* infra *ms*/ /14 non carentes *ms*/ /15 superius *pro* inferius *ms*/

[16]Nota quod illa regula est generaliter quando du*a*e species minores stant inter 2 species maiores, vel inter punctum divisionis et speciem maiorem: prima est recta, secunda altera. [17]Et sciendum quod pausa non potest alterari, sed pausa potest stare propter rectitudinem, ut infra patet.

Ex. 75

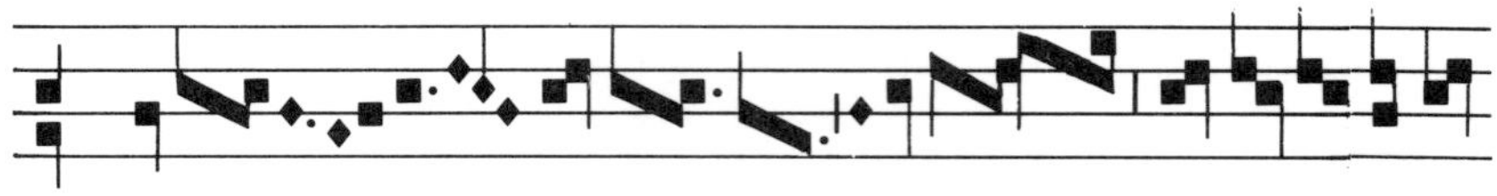

[18]Sequitur de semibrevibus alteratis ut superius dicebatur;

Ex. 76

et tunc de semibrevibus et brevibus alteratis per signa per ignorantiam, ut patet.

(Ex. om)

[19]Valor brevis de tempore et modo perfectis patet in hiis tribus locis infra.

Ex. 77

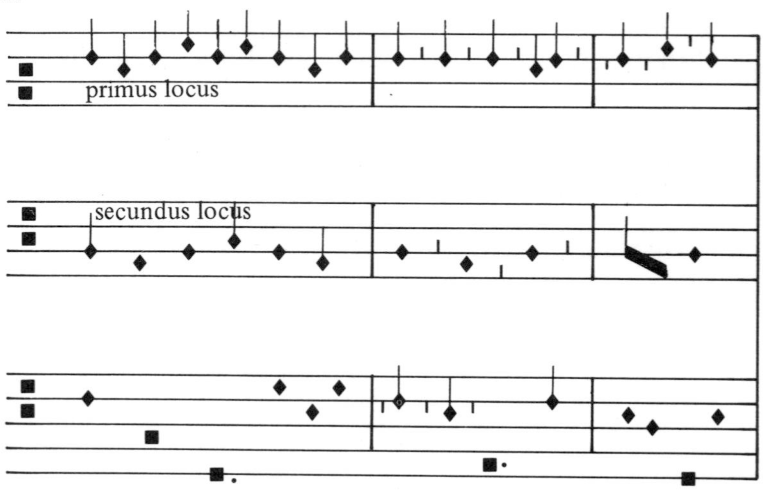

/17, 19 supra *pro* infra *ms*/

Capitulum 9

[1]Sequitur de cantu de tempore inperfecto et de modo perfecto

L 102

[2]Nota quod in illo quasi in modo pr*a*ecedenti: brevis ante brevem similiter perficitur; et quando punctus subsequitur, perficit eam ut infra notatur, et etiam 3 semibreves pro brevi perfect*a* ut infra. [3]Et nota quod in illo modo brevis potest inperfici per semibrevem vel valore*m*, et per non plus sicut in modo pr*a*ecedenti.

Ex. 78 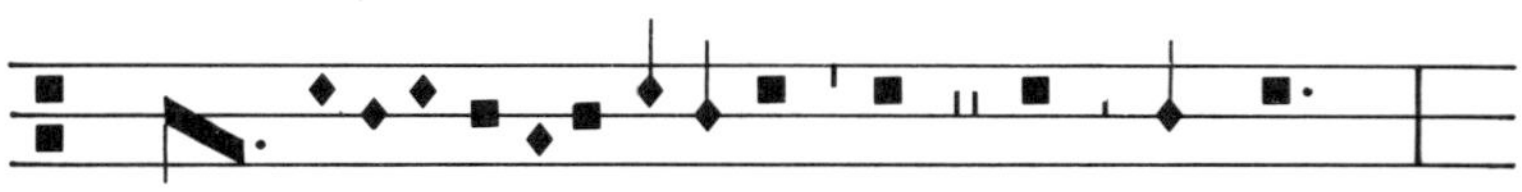

[4]Nota quod in illo modo brevis constat ex 3 semibrevibus inperfectis; sequitur: semibrevis inperfectus constat ex 2 minimis, et non ex 3 sicut in modo pr*a*ecedenti. [5]Et 6 minim*a*e constituunt brevem in illo modo, ut patet *inferius*.

Ex. 79 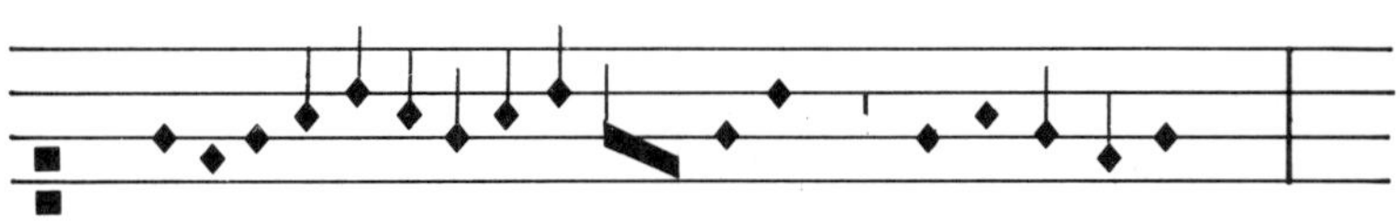

[6]Nota quod eadem regula de notis alteratis tenetur in illo modo sicut in modo pr*a*ecedenti, et ut patebit in exemplis.

Ex. 80 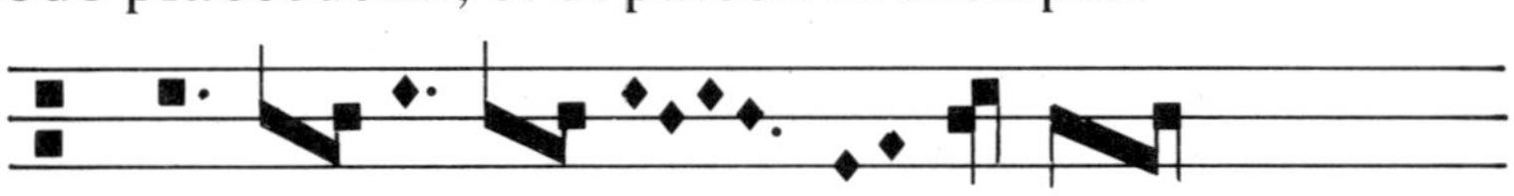

[7]Valor brevis de tempore inperfecto et modo perfecto patet in locis subsequentibus.

Ex. 81 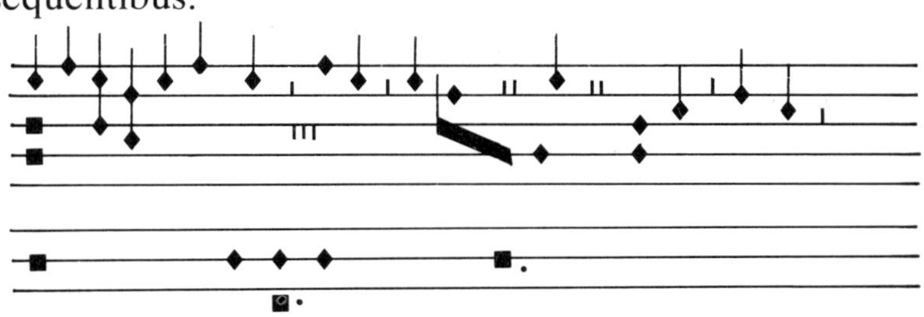

9: 2 supra *pro* infra *ms/* /7 precedentibus *pro* subsequentibus *ms/*

Capitulum 10

[1]Sequitur de cantu inperfecto

L 102v

[2]Sciendum est quod cantus inperfectus dividitur dupliciter, in modo perfecto et in modo inperfecto. [3]Et illa sunt eorum signa. [4]Signum cantus qui est de tempore perfecto et modo inperfecto est semicirculus cum puncto in medio, ut patet hic: *Ex. 82* 
[5]Signum cantus de tempore inperfecto et de modo inperfecto est semicirculus sine punctu in medio, ut patet hic: *Ex. 83* 

Capitulum 11

[1]Sequitur de modo inperfecto

L 102v

[2]Nota quod in cantu inperfecto brevis constat ex 2 semibrevibus et semibrevis ex 3 minimis; constat et brevis ex 6 minimis. [3]Et quando minim*a*e subsecuntur semibrevem carentem punctum, proxima minima pertinet ad semibrevem.

Ex. 84

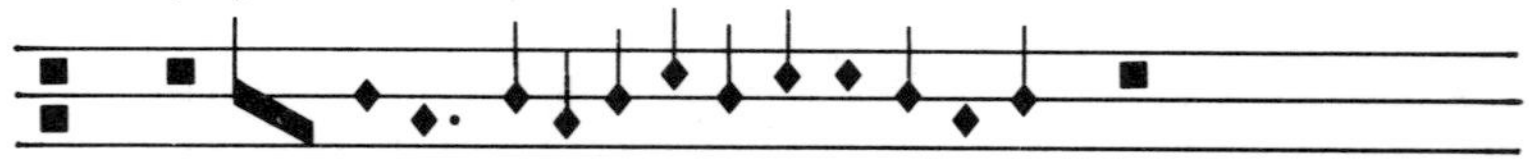

[4]Nota quod punctus perficit notam quando species minores subsecuntur. [5]Nota etiam quod ultima semibrevis unius series potest inperfici per minimam subsequentem in illo modo, et in eodem modo potest longari.

Ex. 85

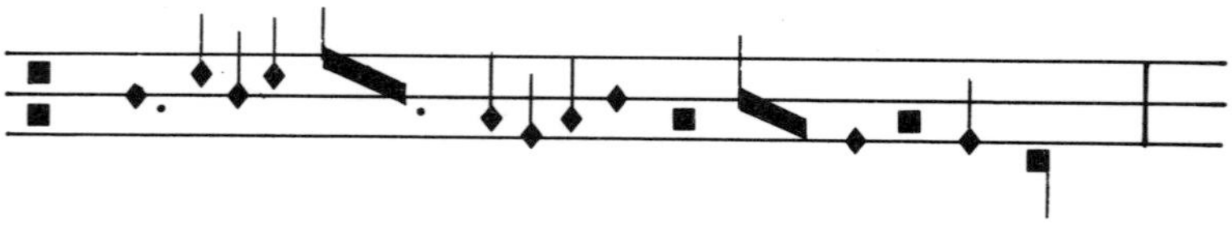

11: 5 semibrevis *pro* series *ms*/

[6]Nota quod illa regula est generalis. [7]Quando 2 species minores stant inter 2 species maiores, vel inter punctum divisionis et notam vel pausam maioris speciei, prima est recta, secunda est altera.

Ex. 86 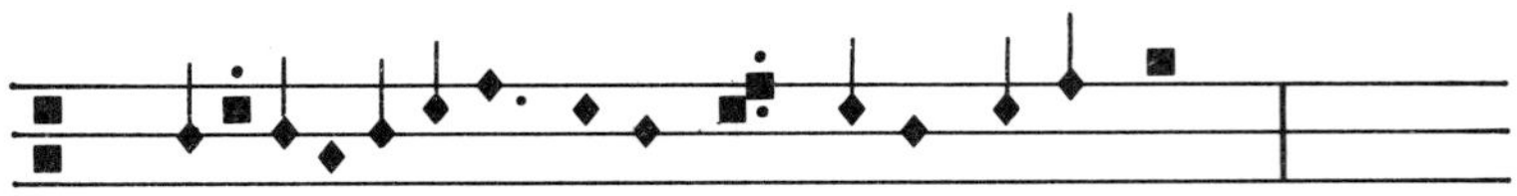

[8]Valor brevis de tempore perfecto et modo inperfecto patet in istis tribus modis infra.

Ex. 87 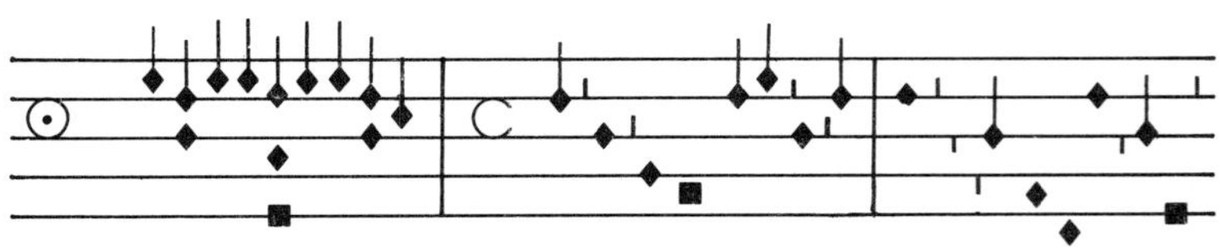

Capitulum 12

[1]Sequitur de cantu de tempore et de modo inperfectis

L 102v

[2]Nota quod in illo modo brevis constat ex 2 semibrevibus et semibrevis ex 2 minimis, ita quod 4 minim*a*e constituunt brevem. [3]Sed semibrevis stet cum puncto habens minimam subsequentem, constituit brevem. [4]Et illa regula generalis quod nota cum puncto valet 3 species subsequentes et proximiores.

Ex. 88 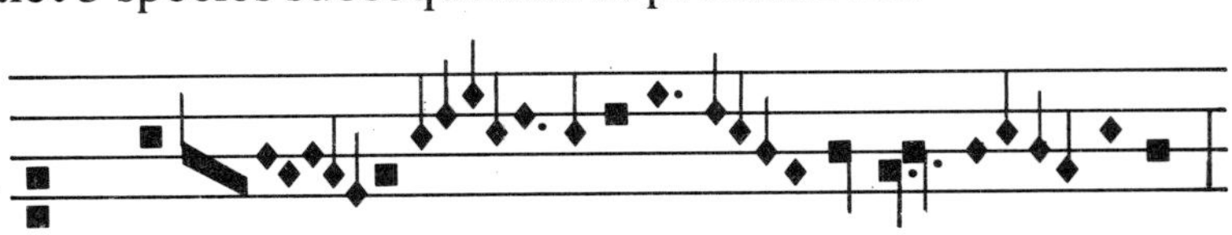

Capitulum 13

[1]Valor 4 brevium

L 103

[2]Nota quod in omni loco semibrevis potest perfici, ut patet hic.

Ex. 89

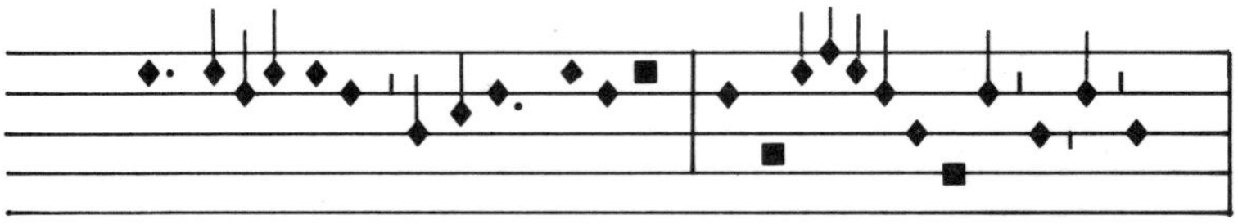

[3]Et quando semibrevis sic perficitur, illa semibrevis et minima pr*a*ecedens vel subsequens constituunt brevem inperfectum.

(*Fig. 1*)

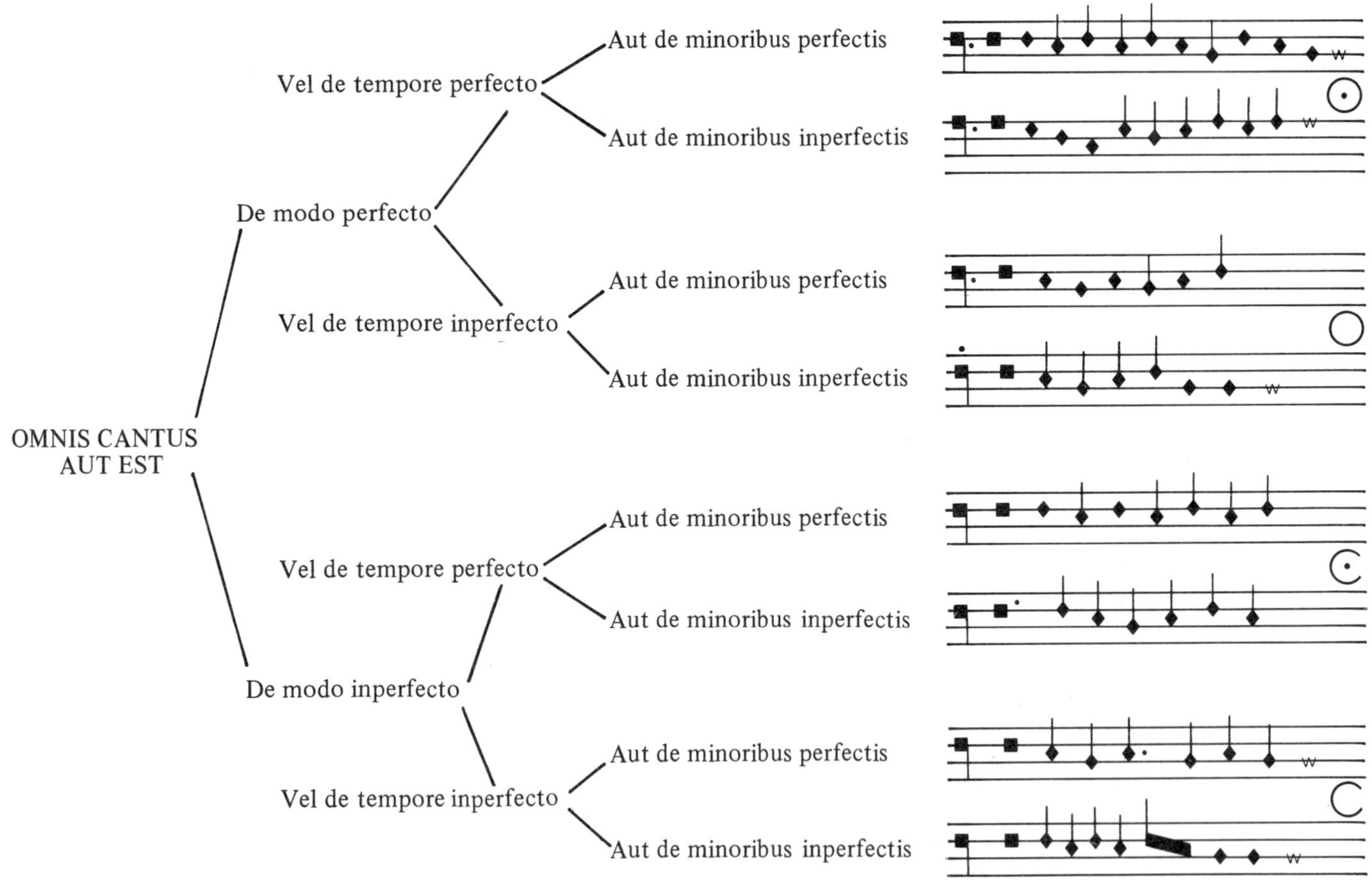
OMNIS CANTUS AUT EST
De modo perfecto
Vel de tempore perfecto
Aut de minoribus perfectis
Aut de minoribus inperfectis
Vel de tempore inperfecto
Aut de minoribus perfectis
Aut de minoribus inperfectis
De modo inperfecto
Vel de tempore perfecto
Aut de minoribus perfectis
Aut de minoribus inperfectis
Vel de tempore inperfecto
Aut de minoribus perfectis
Aut de minoribus inperfectis

Capitulum 14

[1]Sequitur de modis

L 103v

[2]Modi sunt infiniti, cantandi similiter et componendi; sed omnes possunt reduci in tres modos, et secundum quosdam in duos, videlicet in modum perfectum et in modum inperfectum, et hoc quia omnis cantus aut est perfectus aut inperfectus. [3]Primus modus constat ex maiori et minori computatis computandis. [4]Secundus modus constat ex minori et maiori computatis computandis. [5]Tertius modus constat ex omnibus *a*equalibus computatis computandis.

[6]Nota quod primus modus constat ex maiori et minori secundum omnes species, ut inferius patet, primo ex larga et longam, et postea gradatim patebit ex longa et brevi.

Ex. 90

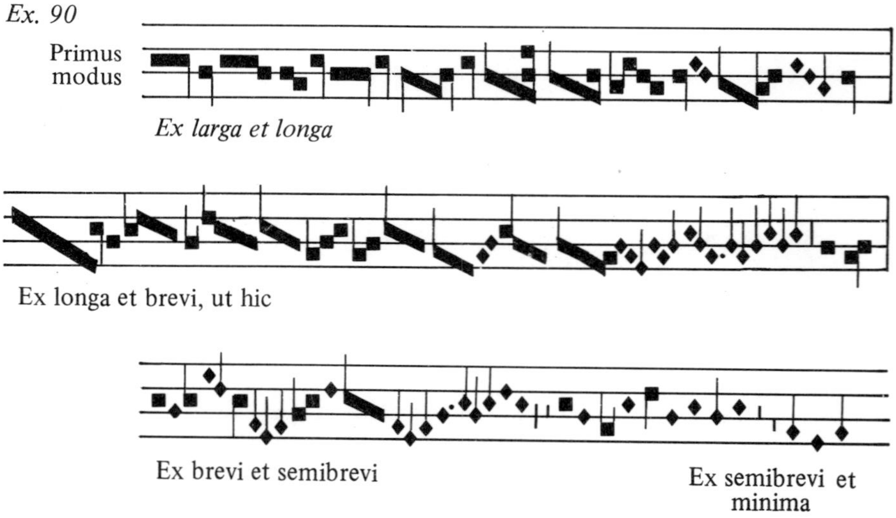

[7]Nota quod secundus modus est e contrarius priori modo, ut patet in exemplis gradatim, sicut in alio, primo ex longa et larga.

14: 6 superius *pro* inferius *ms*/

Ex. 91

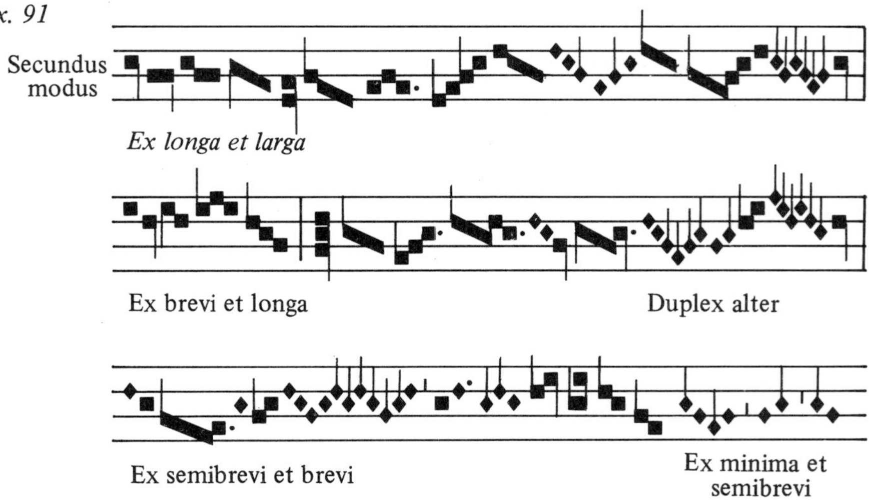

[8]Nota quod tertius modus constat ex omnibus *a*equalibus computatis computandis, primo ex omnibus largis computatis computandis.

Ex. 92

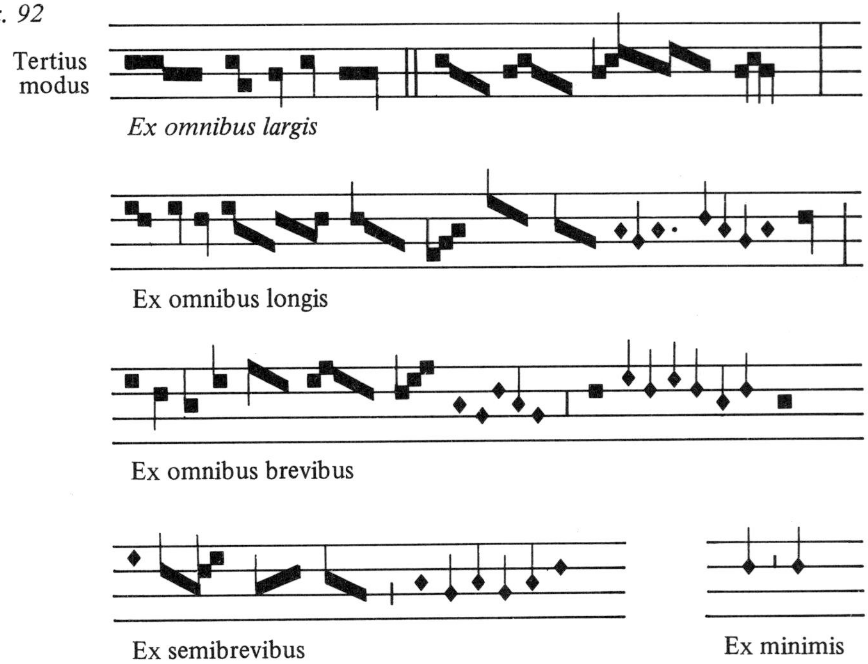

Capitulum 15

[1]De perfectione et divisione

L 104

[2]Cum dictum est de istis 3 modis divisim, nunc dicendum est qualiter duo primi possunt simul stare per divisionem. [3]Videtur quod non duo sed tantum unus modus, et hoc una ratione, quia omnis cantus aut est perfectus vel inperfectus. [4]Sed in istis exemplis patebit de notis alteratis generaliter secundum omnes species excepta prima specie, qu*a*e non potest alterari; et secuntur bene exempla. [5]Regula: quia prima species non potest alterari, quia illa est regula generaliter ut supra notatur. [6]Quandocumque du*a*e species minores stant inter 2 species maiores, vel *inter* pausam speciei maioris vel punctum et speciem maiorem: prima recta, secunda altera, ut patet. [7]Secuntur exempla.

Ex. 93

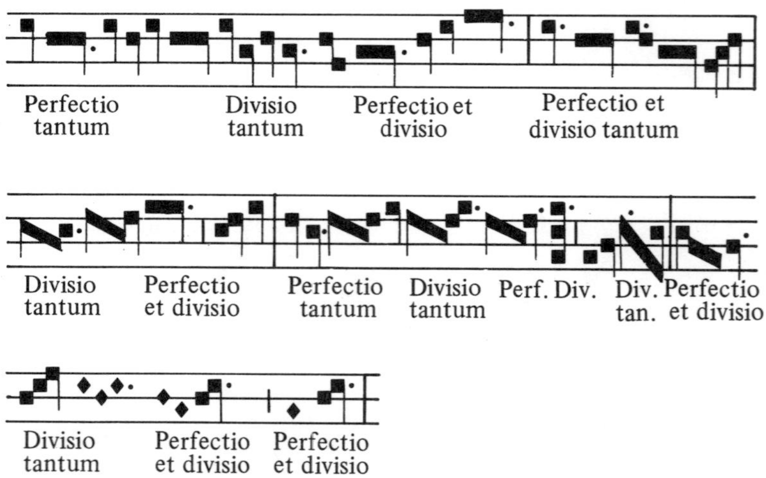

Ex. 94

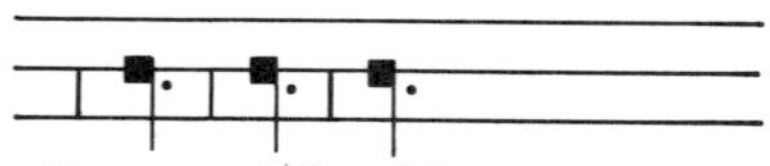

Nota quod ill*a*e 3 long*a*e sunt perfect*a*e, et 3 paus*a*e breves constituunt longam perfectam.

15: 6 maioris *pro* maiores *ms*/ /species *pro* speciei *ms*/ /punctus *pro* -um *ms*/ /species *pro* -em *ms*/ /*Ex. 94:* brevem *pro* -es *ms*/

Ex. 95

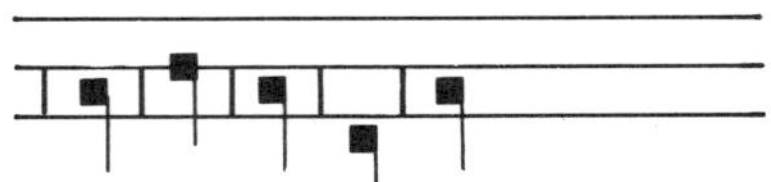

Nota quod omnes ill*a*e long*a*e sunt inperfect*a*e, et paus*a*e brevium perficiunt illas.

Ex. 96

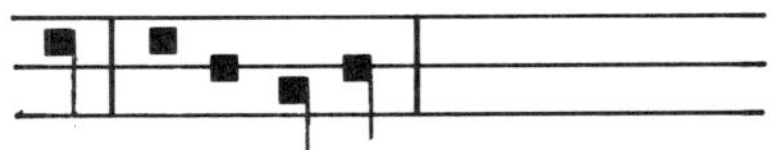

Nota quod illa alterata non potuit esse longa, quia in modo perfecto longa ante longa*m* semper perficitur.

Ex. 97

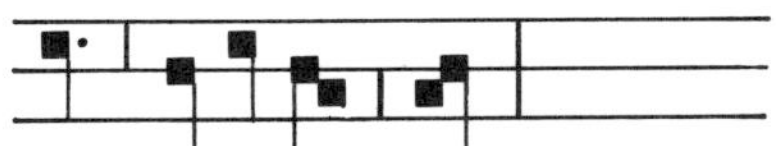

Nota quod illa brevis pausa non pertinet ad proximam longam sed ad secundam, quia longa ante longam perficitur.

Ex. 98

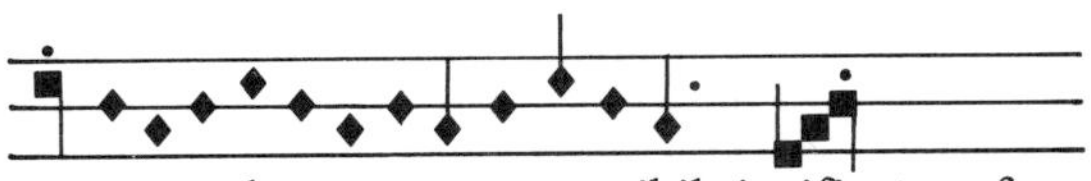

Nota quod punctus supra nihil significat perfectionis, sed quod nichil ab illa descendit.

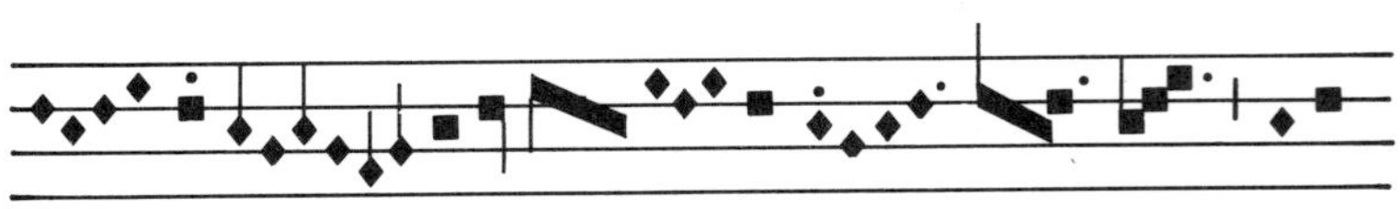

Et est inperfectus — Perfectio tantum — Divisio — Perfectio

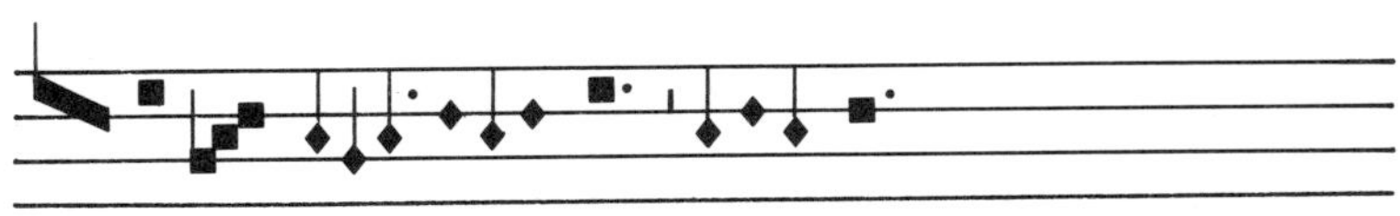

Divisio — Divisio — Perfectio et divisio

Ex. 99

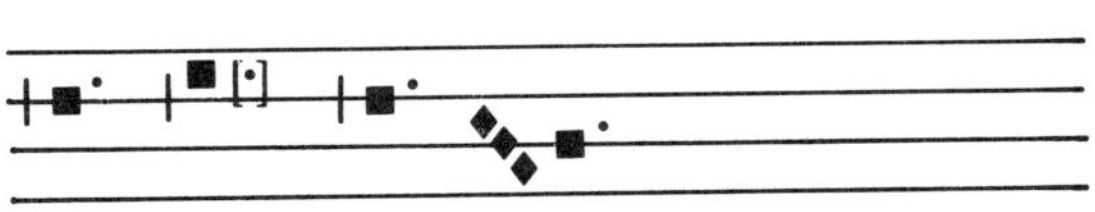

Nota quod ill*a*e 3 breves sunt perfect*a*e et 3 paus*a*e semibreves continent brevem perfectam, ut supra notatur de longa.

Ex. 100

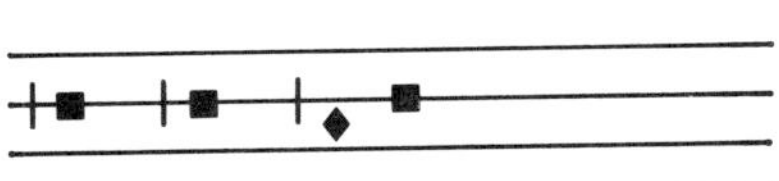

Nota quod ill*a*e breves sunt inperfect*a*e, etc.

/Ex. 96: tertia nota longa ms/

Ex. 101

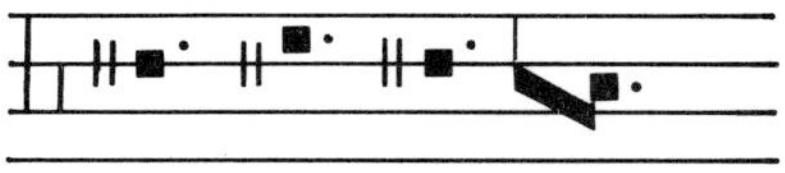

ii paus*ae* perficiunt illas, ut dicitur de longis. Tres paus*ae* semibreves pro breve perfecta. Et hoc est regula prima in modo perfecto species.

Ex. 102

Perfectio. Nota quod ill*ae* paus*ae* semibreves pertinent ad secundam brevem subsequentem.

Ex. 103

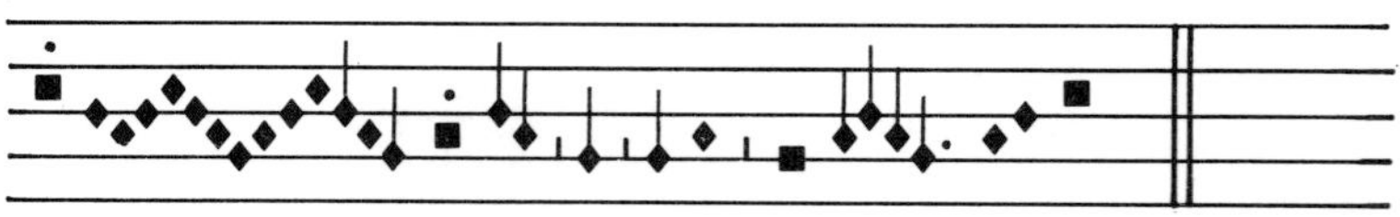

Ad eandem speciem vel maiorem similiter perfectam.

Ex. 104

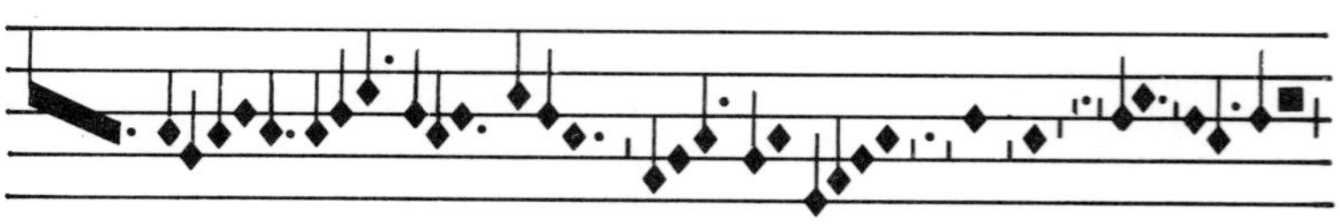

Perfectio Divisio Perfectio Perfectio et divisio

[8]Nota quod illa regula est generaliter: omnis species ante eandem speciem vel maiorem est perfecta nisi tertio modo, et hoc quia constat ex omnibus *a*equalibus computatis computandis. [9]Alia regula est illa: punctus post notam positus aliquando tantum perficit, alias tantum dividit, aliquando simul perficit et dividit. [10]Alia regula: punctus supra notam positus denotat quod nihil descendit ab ultima specie illius; ut si longa sit, nil descendit de ultima breve, et sic de singulis. [11]Et qu*a*elibet talis nota est imperfecta. [12]De alteris dictum est superius.

Capitulum 16

[1]Sequitur de varietate colorum

L 105

[2]Nota quod in cantibus ubi sit diversitas colorum, quod si in utroque colore inveniatur eadem species, in uno perficitur, in alio non, vel in uno alteratur et in alio non, ut patet inferius.

Ex. 105

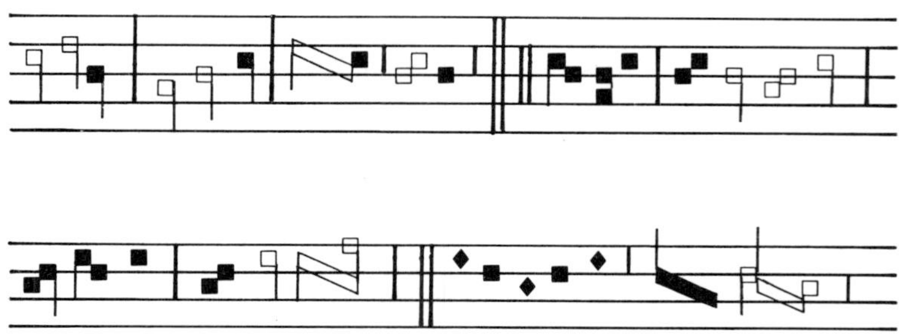

[3]Nota quod nigredo et albedo sunt perfectiores omnium colorum; et nota: nigr*ae* sunt perfect*ae*, idcirco sunt nigr*ae* perfectiores quam ali*ae*. [4]Nota quod in istis non est alia diversitas quam illa quod in uno colore, quando du*ae* breves simul concurrunt, ultima alteratur et in alio non, ut patet.

16: 3 ideocicius *pro* idcirco *ms/* */Ex. 105: secunda pausa imperfecta ms/*

Capitulum 17
[1]De tertio modo

L 105

[2]Nota quod tertius modus constat omnibus *a*equalibus computatis computandis; et melius potest cognosci per pausas, ut plures testantur, quando du*a*e inperfect*a*e paus*a*e simul concurrunt.

Ex. 106

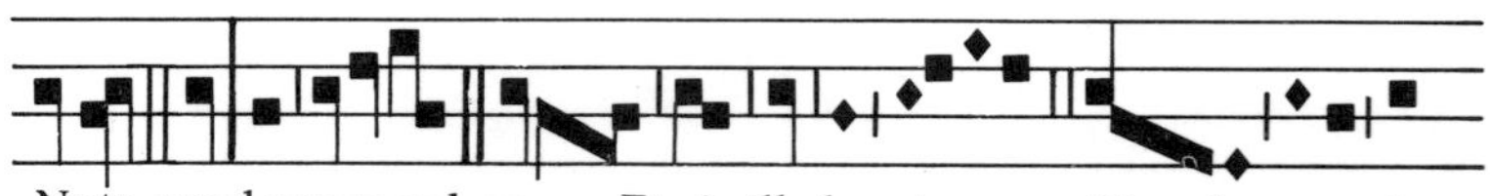

[3]Figurarum simplicium et compositarum protraxiones patent antea in suis capitulis, scilicet de largis, longis, brevibus, semibrevibus, minimis et simplis. [4]Expliciunt regul*a*e Magistri Thom*a*e Walsingham.

17: Ex. 106: referuntur *pro* -ertur *ms*/